木島正明 監修
シリーズ〈現代金融工学〉

ファイナンスの統計モデルと実証分析

乾 孝治 著

朝倉書店

まえがき

　本書は，金融経済の基本を学習した大学生・大学院生，および金融や投資にかかわる実務家・投資家を主な対象に，ファイナンスの基本的なモデルと統計的分析を利用した実証分析の方法を解説した入門書である．

　本書の構成は以下のとおりである．まず第1章ではすでに古典的モデルと呼ぶに相応しい CAPM を平均分散法とともに解説した．CAPM には多くの批判があるが，その後に提案された多くのモデルの基礎に位置づけられるものであり，現在でも重要であることに変わりない．第2章ではマルチファクターのプライシングモデルである APT とその具体例について解説した．とくに Fama–French モデルとその発展型モデルの応用について扱った．第3章では CAPM や APT などの規範的プライシングモデルから離れて，株式収益率と代表的なファクターの関係を統計的に調べるためのクロスセクション回帰モデルを解説した．また，アクティブ運用のバックテストの方法など，実務的に有用な手続きについても詳細に示した．第4章では株価を対象とする DCF モデルについて解説した．とくに残余利益モデルを使ったインプライドリターンの推計方法，インプライドリターンを Fama–French モデルなどで分析して有用情報を引き出しアクティブ運用に役立てる試みなどについて解説した．第5章では金利の期間構造モデルを取り上げた．確定的なキャッシュフローをもつ資産評価のために必要な金利期間構造を市場データから推定する方法，推定される金利期間構造が変動する様子を統計的に分析する方法を示した．金利デリバティブ評価のための無裁定期間構造モデルについては紙面の都合で除外したが，章末問題で単純な無裁定モデルを扱った．第6章では社債と CDS の実証分析を紹介した．クレジットリスクモデルの概要にも触れているが，わが国の社債市場が未成熟であ

るという認識の下で，精緻なクレジットモデルの応用ではなく，主に統計的手法による社債と CDS の関係や注意すべき特徴などに焦点を当てた分析を紹介している．

また，本書には含めることができなかった，データ分析を実行するために役立つ Excel の基本的な操作方法とマクロや関数の使い方の解説（付録 A）と，問と章末問題の略解（付録 B）およびいくつかの Excel データを，朝倉書店ウェブサイト（http://www.asakura.co.jp）からダウンロードできるようにしたので参考にしてほしい．

さて，失われた十年・二十年といわれる時代を振り返ると，金融や投資の実務に携わる多くのビジネスパーソンは，自由化・グローバル化が進展する中で本業の効率性化のために金融工学をはじめとする金融技術の高度化に対応してきたと思う．しかしながら，巨額損失や金融不祥事は後を絶たず，金融法人や金融市場の根本的なあり方を問う新しいルール作りが模索されている状況にある．本書では，基本的な理論モデルを実際に利用する上での具体的な問題解決の手続きがわかるよう詳細に解説したが，それは，モデルを現実に応用する場合には，モデルの限界を踏まえて謙虚に客観的なアプローチを選択することが重要だと考える筆者のメッセージでもある．またそうした努力が報われる効率的で公平な金融市場へさらに一歩近づいてほしいという願望の裏返しでもある．同じ思いを共にする金融機関・機関投資家などの実務家および個人投資家，同分野の研究者，規制当局の方々，また，そうした道を志す学生諸君に本書を手に取っていただければ幸いである．

本書をまとめる上では多くの方々にお世話になった．まず本シリーズの監修を担当されている木島正明先生には原稿に目を通していただき貴重なアドバイスの数々を頂戴した．ここに改めて感謝の意を表したい．また，明治大学専門職大学院グローバル・ビジネス研究科における授業やゼミで議論を重ねた学生諸君にも感謝したい．最後に，本書の執筆の機会を与えてくださり長きにわたって支えてくださった朝倉書店編集部に感謝したい．

2013 年 1 月　駿河台の研究室にて

乾　孝治

目　次

1. 平均分散法と CAPM ································· 1
   1.1 期待効用理論と平均分散法 ························ 1
       1.1.1 効用関数 ································ 1
       1.1.2 期待効用 ································ 3
       1.1.3 収益率分布と効用関数 ···················· 5
       1.1.4 平均分散法 ······························ 7
   1.2 平均分散法の応用例 ····························· 9
       1.2.1 サープラスフレームワーク ················ 10
       1.2.2 Excel による計算 ························ 12
   1.3 CAPM ·· 16
       1.3.1 分散消去可能なリスク ···················· 17
       1.3.2 CAPM の前提条件 ························· 19
       1.3.3 CAPM の論証 ····························· 19
   1.4 CAPM の実証分析例 ······························ 24
       1.4.1 回帰分析による証券市場線の推定 ··········· 24
       1.4.2 β の予測 ···························· 27
   章末問題 ·· 29

2. マルチファクター・プライシングモデル ············· 31
   2.1 APT モデル ····································· 31
       2.1.1 APT モデルとは ··························· 31
       2.1.2 APT モデルの推定 ························· 32

2.1.3　発展的な APT モデル 34
　2.1.4　APT モデルの具体例：Fama–French モデル 35
2.2　APT の実証分析例 38
　2.2.1　Fama–French モデルの3ファクターの計算 38
　2.2.2　推　定　結　果 40
2.3　パフォーマンス分析への応用 42
　2.3.1　代表的パフォーマンス尺度 42
　2.3.2　アトリビューション分析 44
　2.3.3　投資信託のパフォーマンス評価の事例 45
章　末　問　題 47

3. 株式のクロスセクション回帰モデル **49**
3.1　プライシングモデルの限界とアクティブ運用 49
　3.1.1　オーバーリアクションとミスプライス 49
　3.1.2　オーバーリアクションファクター 50
　3.1.3　バックテスト 51
3.2　クロスセクション回帰モデル 57
　3.2.1　クロスセクション回帰モデルの概要 57
　3.2.2　プライシングモデル vs 統計モデル 58
　3.2.3　Fama–French のクロスセクション回帰モデル 60
3.3　クロスセクション回帰モデルの具体例 62
　3.3.1　データとモデル 62
　3.3.2　クロスセクション回帰モデルの推定結果 64
　3.3.3　分位ポートフォリオ分析 68
章　末　問　題 71

4. 株価評価モデル **73**
4.1　DCF の基本 74
　4.1.1　現　在　価　値 74
　4.1.2　正味現在価値 75

4.1.3　内部収益率 ·· 76
　4.2　配当割引モデル ·· 77
　　4.2.1　配当割引モデルの概要 ·· 77
　　4.2.2　配当割引モデルと期待リターンの関係 ···················· 77
　4.3　残余利益モデル ·· 78
　　4.3.1　残余利益モデルの概要 ·· 78
　　4.3.2　残余利益モデルの応用について ···························· 79
　4.4　残余利益モデルの事例 ··· 81
　　4.4.1　Frankel–Lee モデル ··· 81
　　4.4.2　その他のモデル ··· 82
　4.5　インプライドリターンの実証分析例 ······························ 83
　　4.5.1　インプライドリターン推定のモデル ······················ 83
　　4.5.2　デ　ー　タ ·· 84
　　4.5.3　推　定　結　果 ·· 84
　　4.5.4　クロスセクション回帰モデル ······························· 87
　　4.5.5　クロスセクション回帰分析結果 ···························· 88
　　4.5.6　分位ポートフォリオ分析 ······································ 92
　章末問題 ·· 95

5. 金利の期間構造モデル ·· **96**
　5.1　金利と期間構造とは ··· 96
　　5.1.1　いろいろな金利 ··· 96
　　5.1.2　金利の期間構造 ··· 99
　5.2　金利の期間構造の推計 ··· 99
　　5.2.1　期間構造の推定方法 ··· 99
　　5.2.2　期間構造の推定事例 ·· 101
　5.3　スワップレートによる期間構造の推定 ·························· 103
　　5.3.1　金利スワップとは ··· 103
　　5.3.2　金利スワップのキャッシュフロー ························· 104
　　5.3.3　金利スワップの利用目的 ···································· 105

5.3.4　金利スワップの評価モデル ································· 107
　　5.3.5　スワップ金利の期間構造の推定方法 ······················ 109
　5.4　期間構造の変動モデル ·· 111
　　5.4.1　無裁定モデル ·· 111
　　5.4.2　統計モデル ··· 112
　　5.4.3　期間構造の主成分分析モデル推定の具体例 ·············· 113
　章末問題 ··· 118

6. 社債とCDSの実証分析 ·· **122**
　6.1　流動性リスクプレミアムに見られるわが国社債市場の問題 ······ 123
　　6.1.1　流動性リスクプレミアムの推定 ····························· 123
　　6.1.2　流動性リスクプレミアムが負になる理由 ·················· 124
　6.2　社債価格の理論モデル ·· 126
　　6.2.1　信用リスクモデル ··· 126
　　6.2.2　構造モデルの概要 ··· 127
　　6.2.3　誘導モデルの概要 ··· 128
　　6.2.4　CDSと社債の理論価格モデル ······························ 129
　　6.2.5　解析解の導出 ·· 130
　6.3　社債の実証分析に関する先行研究 ······························ 132
　6.4　分析の概要 ··· 133
　　6.4.1　データの概要 ·· 133
　　6.4.2　分析対象ユニバース ·· 134
　　6.4.3　説明変数 ··· 135
　6.5　分析1：回帰分析による構成要因分解 ························ 139
　　6.5.1　モデル ·· 139
　　6.5.2　推定結果 ··· 140
　6.6　分析2：パネルデータ分析 ······································· 143
　　6.6.1　パネルデータ・固定効果モデル ···························· 143
　　6.6.2　被説明変数：社債スプレッドの推定 ······················· 145
　　6.6.3　モデルと推定方法 ··· 146

| | 目　次 | vii |

6.6.4　推定結果 ································· 148
6.7　分析 3：株式収益率との関係 ··················· 153
　6.7.1　相関係数 ································ 153
　6.7.2　クロスセクション回帰 ····················· 155
6.8　ま と め ···································· 156
章末問題 ·· 157

参考文献 ·· 159

索　　引 ·· 163

付録（PDF 版）

朝倉書店ホームページ（http://www.asakura.co.jp）からダウンロードしてください．

A．ファイナンス分析で便利な Excel テクニック ············ 1
　A.1　数式の入力方法 ····························· 4
　A.2　基本的な操作 ······························· 5
　A.3　ツールバーの中でよく使うもの ················ 7
　A.4　ファイナンスでよく利用する関数 ··············· 8
　A.5　マクロと関数のプログラミング ················ 9
　　A.5.1　マ ク ロ ······························ 9
　　A.5.2　関　　数 ······························ 12
B．問と章末問題の略解 ······························ 14

1

平均分散法とCAPM

　平均分散法はMarkowitzが提案したポートフォリオ構築の理論モデルであり，その平均分散法を基礎として，Treynor, Sharpe, Lintner, Mossinらによってほぼ同時期に導かれたリスク証券の価格付けに関する規範的モデルが資本資産価格モデル（capital asset pricing model：CAPM）である．CAPMは古くから批判されつづけながらも，研究および実務で広く利用されており，また，新しいモデルの基礎としての役割を負ってきている．すでに約半世紀が経過した古典的モデルであるが，議論の出発点として確認しておくべき基本に位置づけられる．

　以下では，期待効用理論の概要を確認した後に，平均分散法とCAPMの概要を述べ，続いてデータを使った具体事例を紹介する．

1.1　期待効用理論と平均分散法

　ミクロ経済学の教科書を開くと，財を消費することによって欲求を満たす経済主体が一定の所得の下で欲求を最大限に満たすような財の組み合わせ（需要）を選択する意思決定原理を理解するために，およそ次のような効用関数による議論を紹介している．

1.1.1　効 用 関 数

　W を消費する財の量とし，財を消費することで得られる満足度を具体的な数値で表す実数値関数 $u(W)$ を効用関数とする（図1.1）．効用関数は複数の消費プランについての選好順位を具体的な数値で比較可能とするものである．すな

1. 平均分散法と CAPM

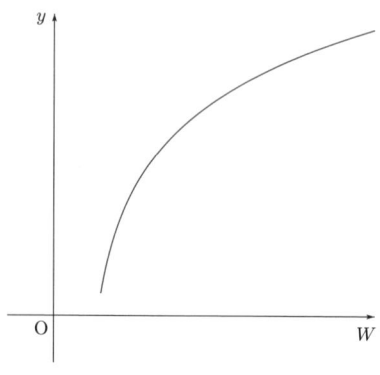

図 1.1 効用関数：$y = u(W)$

わち，2つの消費プラン x と y があるとき，x よりも y を好む（選好する）ことを $x \succ y$ で表せば，効用関数は

$$x \succ y \quad \Leftrightarrow \quad u(x) > u(y)$$

という関係性を満たす実数値関数であると解釈できる．

効用関数の形状は，財の量の変化が経済主体の効用に与える影響を表すために，一般的な経済人について仮定できる**危険回避的**な性質を満足するものとして次を仮定する．

- 単調増加：W が増えると u も増える．
- 凹関数（上向きに凸）：W の増加に伴う効用 u の増加率は，W が増加するにつれて減少する（限界効用逓減の法則）[*1]．

もし効用関数 u がその定義域で 2 回微分可能な関数ならば，この性質は $u(W)$ に関する導関数の性質として次のように定義することができる．

$$\frac{du}{dW} > 0 \quad : \quad 単調増加$$

$$\frac{d^2 u}{dW^2} < 0 \quad : \quad 凹関数（上に凸）$$

参考としてこのような関数の具体例を図 1.1 に示した．

効用関数としては，Cob–Dagras 型に代表されるべき乗型の効用関数

[*1] 効用関数の性質を説明する上で「ビールは，最初の 1 杯目が一番おいしいが，2 杯，3 杯と飲み進めるほどにおいしくなくなる」というたとえ話がよく引用される．

$$u(x) = x^a,\ 0 \leq a \leq 1$$

のほかにも，指数関数 ($u(x) = -\exp(-ax),\ a > 0$)，対数関数 ($u(x) = \log(x)$) などが利用されることが多い．後述の平均分散法の議論では，ほかでは利用されることの少ない 2 次関数 ($u(x) = x - bx^2,\ b > 0,\ x < 1/2b$) を仮定することによって議論が単純になっている．

効用関数は投資資産の選択においても投資から得られる効用を比較可能な数値で表すために利用されるが，その値に具体的な意味があるわけでない．複数の効用を比較する場面における相対的な大きさのみが重要である．このような効用を序数的効用という．効用関数が与える数値に意味をもたせる場合は基数的効用と呼んで区別している．序数的効用を表す効用関数については，効用の相対的順序関係に影響しないような 1 次変換：

$$u^*(x) = a\,u(x) + b, \quad a,b \text{ は定数で } a > 0$$

については自由に行ってよいとされている．

1.1.2 期 待 効 用

投資資産の選択においては利得が効用を測るべき対象となる．すなわち，投資対象の現在価格を w_0，将来の価格を W とすれば，利得は $W - w_0$ で測れるか，現在の価格を基準とした収益率：

$$R = \frac{W - w_0}{w_0} = \frac{W}{w_0} - 1$$

として測ることもできる．ファイナンス分野の議論では収益率に注目して $u(R)$ による効用を比較検討することが多い．

ところで，実際の金融資産への投資においては収益率が現時点で確定していないことが多い．たとえば株式投資の収益率は将来の配当と価格によって決まるが，少なくとも株価は事前に確定するものではない．したがって，収益率 R が確率変数になることを前提に投資から得られる効用を比較しなければならないが，R の効用 $u(R)$ も確率変数になるため，複数の投資プランから得られる効用の大小を単純に比較できないことになる．

この問題に対して von Neumann と Morgenstern は，効用関数 $u(R)$ が確率

的であってもいくつかの条件を満たせば，効用関数の期待値（期待効用）$E[u(R)]$ の大小が合理的な選好基準を与えるという**期待効用理論を示した**[*2)]．以下では具体例を通して期待効用の意味を確認する．

例 1.1 手元に 100 万円あるものとする．以下の投資プラン A，B について期待効用を比較せよ．
- プラン A：1 年満期の国債に投資すると 1 年後に 105 万円得られる．
- プラン B：ある株式に投資すると 1 年後に 120 万円もしくは 90 万円が得られる（可能性は五分五分）．

それぞれの投資プランの実現収益率を計算すると，プラン A は $105/100 - 1 = 0.05$ で，プラン B は $90/100 - 1 = -0.1$ もしくは $120/100 - 1 = 0.2$ が等確率で生じる．投資プラン B の期待収益率を求めると，$0.5 \times 0.2 + 0.5 \times (-0.1) = 0.05$ となるのでプラン A の収益率と一致している．しかし，プラン A は確実に 0.05 の収益率が得られる一方で，プラン B の収益率は不確実である．投資家の効用関数を u で表し，それぞれの投資プランの効用を，不確実な場合には期待効用をもって計測すると，
- プラン A：$U_A = u(0.05)$
- プラン B：$U_B = 0.5 \times u(0.2) + 0.5 \times u(-0.1)$

となる．このとき，u がリスク回避的投資家の効用関数の条件（単調増加，凹関数）を満たせば $U_A > U_B$ となることが，図 1.2 を見て確認できるだろう．

以上の結論は Jensen の不等式からも明らかである．

注意 1.1 **Jensen の不等式**
連続な実数値関数 $u(x)$ が凹関数のとき，確率変数 X について

$$E[u(X)] \leq u(E[X])$$

が成立する．

問 1.1 ある資産の収益率 R は不確実で，確率 p で R_1，確率 $1-p$ で R_2（た

[*2)] 期待効用理論については専門書を参照してほしい．たとえば丸山・成生（1997）の単純化した説明は概要を知る上で参考となろう．

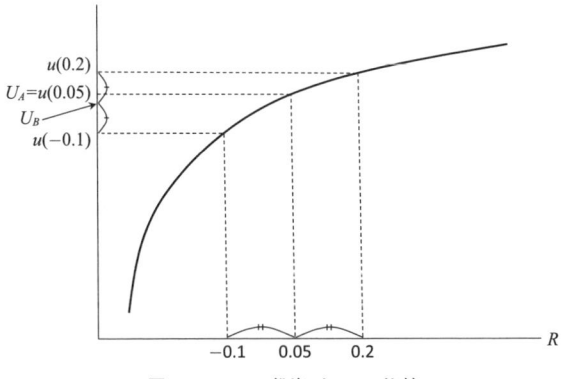

図 1.2 2 つの投資プランの比較

だし $R_1 \neq R_2$) の収益率が実現するとき,危険回避的効用をもつ投資家は「同じ収益率が期待できる投資においては確実なほうを好む」ことを Jensen の不等式で示せ.

1.1.3 収益率分布と効用関数

$u(R)$ を収益率の期待値で **Taylor** 展開すると次式が得られる.

$$u(R) = u(E[R]) + u'(E[R])(R - E[R]) + \frac{1}{2}u''(E[R])(R - E[R])^2$$
$$+ \sum_{n=3}^{\infty} \frac{u^{(n)}(E[R])}{n!}(R - E[R])^n \tag{1.1}$$

ただし $u^{(n)}(x)$ は u の x による n 次導関数を表す.以下では,収益率 R の期待値と分散を $E[R] = \mu$, $V[R] = \sigma^2$ として,効用関数が 2 次関数の場合と,収益率が正規分布に従う場合について場合分けして考える.

a. u が 2 次関数の場合

2 次の効用関数を $u(x) = x - bx^2$, $b > 0$, $x < 1/2b$ とする.このとき効用関数の微分は,

- $u'(x) = 1 - 2bx$
- $u''(x) = -2b$
- $u^{(n)}(x) = 0$, $n = 3, 4, \ldots$

である.したがって効用関数の Taylor 展開における 3 次以降の項は無視でき

るので，(1.1) 式の期待値（期待効用関数）は次のように収益率の期待値と標準偏差の式になる．

$$E[u(R)] = u(E[R]) + u'(E[R])E[(R - E[R])] + \frac{1}{2}u''(E[R])E[(R - E[R])^2]$$
$$= \mu - b\mu^2 - b\sigma^2 \tag{1.2}$$

ここで，得られた期待効用関数を期待値と標準偏差について偏微分してみると，

$$\frac{\partial E[u(R)]}{\partial \mu} = 1 - 2b\mu > 0$$
$$\frac{\partial E[u(R)]}{\partial \sigma} = -2b\sigma < 0$$

となるので，期待効用は資産収益率の期待値について単調増加，標準偏差について単調減少であることが確認できた．標準偏差はリスクの代表的尺度なので，リスクが増えると期待効用は減少するといいなおしてもよいだろう．

b. 正規分布の場合

正規分布はその平均値に関して左右対称な分布であるため，n が奇数の場合の中心モーメント $E[(R - E[R])^n]$ は 0 になる．n が偶数のときには，
- $E[(R - E[R])^4] = 3\sigma^4$
- $E[(R - E[R])^6] = 15\sigma^6$
- $E[(R - E[R])^n] = (n-1)(n-3)\cdots 3 \cdot 1 \cdot \sigma^n$，$n$ は 8 以上の偶数

のとおり，標準偏差 σ の関数で表される．したがって，収益率 R が正規分布に従う場合は，効用関数が 2 次関数の場合と同様に期待効用は平均と標準偏差の関数として表現できる．

以上のとおり，2 次効用関数もしくは収益率分布の正規性を仮定することで，投資家の期待効用は収益率の期待値 μ と標準偏差 σ の関数：

$$E[u(R)] = g(\mu, \sigma)$$

として表せることを確認した．このとき $g(\mu, \sigma) = k$ (k は定数）を満たす (μ, σ) の組み合わせは，すべて同じ効用を与えるという意味で互いに無差別であることから，この集合（曲線）を**無差別曲線**という．

1.1.4 平均分散法

一般的に投資対象資産の選択は将来のリターンとリスクを見ながら行うべきであるといわれるが,前項の議論は,ある条件の下で投資の期待効用が投資収益率の期待値と標準偏差の式として表せることを示しており,収益率の期待値を「リターン」,標準偏差を「リスク」とみなした場合の,経験則の根拠を示したことになるだろう.ただし,こうした単純化が成り立つためには効用関数もしくは収益率分布に関する仮定が必要なことに注意しなければならない.また,実際に収益率の標準偏差を計測するには過去データを利用せざるをえないが,過去データから求めた標準偏差が将来の推定値として代用できるためには,収益率の確率的な挙動が定常性を満たしているなどの追加的前提が必要になることにも注意する必要がある.

以上のような注意が求められるが,以下ではとくに断りなくリターン(もしくは期待リターン),リスクという場合には,それぞれ収益率の期待値と標準偏差で計測可能であるとして議論する.

例 1.2 2つの証券 A と B を考える.将来の一定期間の収益率をそれぞれ R_A, R_B,相関係数は ρ であるとする.A と B それぞれのウェイトが w_A, w_B であるポートフォリオ[*3)]の収益率を R_P とする.このときポートフォリオの期待リターン(期待値)とリスク(標準偏差)を計算せよ.

2証券の収益率 R_A と R_B の期待値と標準偏差を,それぞれ $\mu_A, \mu_B, \sigma_A, \sigma_B$ とするとき,ポートフォリオ収益率の期待値と標準偏差,μ_P, σ_P は次のようになる.

$$\mu_P = w_A \mu_A + w_B \mu_B \tag{1.3}$$

$$\sigma_P = \sqrt{w_A^2 \sigma_A^2 + 2 w_A w_B \rho \sigma_A \sigma_B + w_B^2 \sigma_B^2} \tag{1.4}$$

問 1.2 (1.4)式を導出せよ.

上式に適当な数値を代入(ただし $\rho < 1$ とする)して得られる,ポートフォ

[*3)] ポートフォリオとは複数資産の集合体を意味するが,本来は書類を挟んでおく紙挟みの意味である.株式証券を紙挟みに挟んで保管していたことから,そのような意味で使われるようになったといわれている.

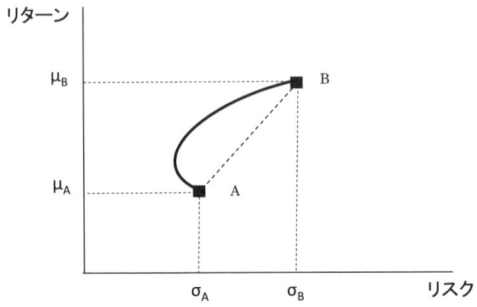

図 1.3 2証券ポートフォリオのリスクとリターン

リオのリターンとリスクの典型的な関係を模式化したグラフで表すと図 1.3 のようになる.

証券の数が増えた場合は，次のように計算すればよい．N 個の証券の期待リターンを $\bm{R} = (\mu_1, \ldots, \mu_N)^\top$ とする．$\bm{R}$ は縦ベクトルで，右上にある "$\top$" は転置の意味である．また，ポートフォリオにおける N 証券のウェイトを $\bm{W} = (w_1, \ldots, w_N)^\top$，各証券収益率の標準偏差，相関係数を σ_i，ρ_{ij} とするとき，ポートフォリオのリターンとリスクは次のように計算できる．

$$\mu_P = \sum_{i=1}^{N} w_i \mu_i = \bm{W}^\top \bm{R} \tag{1.5}$$

$$\sigma_P = \sqrt{\sum_{i=1}^{N}\sum_{j=1}^{N} w_i w_j \rho_{ij} \sigma_i \sigma_j} = \sqrt{\bm{W}^\top \bm{\Sigma} \bm{W}} \tag{1.6}$$

ただし，$\bm{\Sigma}$ は分散共分散行列である．このように，証券の数によらずポートフォリオのリターンとリスクを計算することができるが，実際にリスク–リターン平面における証券の関係とポートフォリオの関係を示したものが図 1.4 である．

図中には A と B の 2 証券からなるポートフォリオの曲線が示されているが，新たに C 証券を投資対象に加えると，ポートフォリオの存在範囲が斜線部分へと拡大することを表している．他の証券も投資対象に加えるとポートフォリオの存在範囲はさらに拡大するが，最終的にすべての証券の組み合わせの中で，「あるリスク水準において最もリターンが高いポートフォリオ」もしくは「あるリターン水準において最もリスクの小さいポートフォリオ」が，存在範囲の境界として現れる．このような境界上のポートフォリオの集合が効率的フロン

1.2 平均分散法の応用例

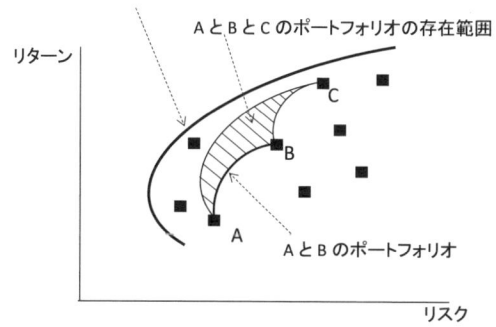

図 1.4　N 証券ポートフォリオのリスクとリターン

ティアである．

効率的フロンティアは，リスク回避度を表す定数 λ を徐々に変えながら，以下の数理計画問題を解くことによって決定できる．

$$\max_{w_i,\ldots,w_N} \sum_{i=1}^N w_i \mu_i - \lambda \sum_{i=1}^N \sum_{j=1}^N w_i w_j \rho_{ij} \sigma_i \sigma_j \quad (1.7)$$

$$\text{subject to} \quad \sum_{i=1}^N w_i = 1, \quad w_i \geq 0, \quad i = 1,\ldots,N. \quad (1.8)$$

このようなポートフォリオの導出方法を平均分散法という．詳細は枇々木・田辺（2005）などを参照せよ．

1.2　平均分散法の応用例

Brinson *et al.* (1986; 1991) は資産運用パフォーマンスの約 9 割がアセットアロケーションで決まることを実証的に示した論文である．長期的に安定した資産運用を目指す年金基金においても，母体企業や従業員などの関係者の制約を考慮しつつ，分散投資を図る上での具体的なアセットアロケーション目標，すなわち，政策アセットミックスの策定が重要であると考えられている．

政策アセットミックスは以下の手順で策定される．

(1) 投資対象をいくつかの資産クラスで代表させて，それぞれの期待リターン，リスク，相関係数を過去のインデックスデータなどから推定し，必

要に応じて将来へ向けた修正を施し，平均分散法のインプットデータを策定する．
(2) リスク許容度の異なるアセットアロケーション案を計算する（サープラスのリターンとリスクに注目した平均分散法を採用することもある．詳細は後述する）．
(3) それぞれのアセットアロケーションについて，掛金や給付金を考慮したキャッシュフローシミュレーションテストやシナリオテストを実施し，将来の年金財政の健全性を評価し，最終案を決定する．

代表的な資産クラスとしては，通常，短期資金，国内株式，国内債券，外国株式，外国債券，さらに転換社債，オルタナティブ資産（ヘッジファンドや非上場株式，REIT などの代替的資産）に分けて考えることが多いようであるが，株式を国内外で分けずに業種やスタイル，地域（先進・新興国など）で分類したり，債券を国債と社債で分割するなど細分化して考えることも多い．

年金の支払いを将来にわたって担保するためには，資産が負債を常に上回る状態を確保することが具体的な運用目標となることから，資産から負債を控除した差額にあたるサープラスに注目して，サープラスの期待リターンとリスクに関する 2 次計画問題として定式化することもある．いずれにしても，平均分散法で得られた最適ポートフォリオをそのまま最終的な政策アセットミックスとして決定するのではなく，キャッシュフローシミュレーションやシナリオテストなどによる多角的な検討を加えて修正していくというプロセスを経るようである．

ここでは，平均分散法の応用として，サープラスに注目した 2 次計画問題の定式化について紹介する．

1.2.1 サープラスフレームワーク

サープラスフレームワークは，資産と負債を時価で評価した場合に，その差額にあたるサープラスを保全することを目的とする平均分散法の応用である（図 1.5）．

資産と負債の収益率を R_A, R_L として，それぞれの期待値（リターン）を μ_A, μ_L，標準偏差（リスク）を σ_A, σ_L，相関係数を ρ とする．現在の資産および

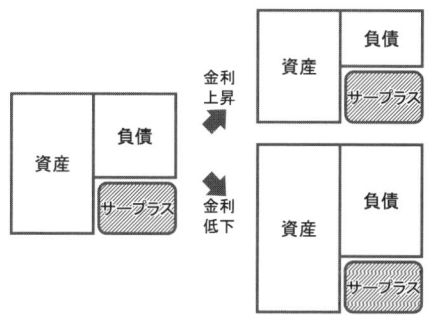

図 1.5 年金の ALM：サープラスの保全イメージ
資産・負債が変動しても，サープラスを保全できる資産配分計画が理想．

負債の時価を A_0, L_0，1 期間後の資産・負債の時価を A, L とすると，

$$A = (1 + R_A)A_0, \quad L = (1 + R_L)L_0$$

と表すことができるので，時価の変化を

$$\Delta A = R_A A_0, \quad \Delta L = R_L L_0$$

とすれば，サープラス $S\ (= A - L)$ は次のようなる．

$$\begin{aligned} \Delta S &= \Delta A - \Delta L \\ &= R_A A_0 - R_L L_0 \\ &= L_0\,(F\,R_A - R_L) \end{aligned} \tag{1.9}$$

ただし，$F = A_0/L_0$ は初期時点の積み立て比率（ファンディング・レシオ）である．ここで，サープラスリターン R_S を次のように定義する．

$$R_S = \frac{\Delta S}{L_0}$$

サープラスは 0 にも負値にもなるため，負債時価 L_0 を基準とした変化率として定義している．このサープラスリターンは

$$R_S = F\,R_A - R_L$$

と表すことができるので，結局，サープラスリターンの平均と分散は次のようになる．

$$E[R_S] = F\mu_A - \mu_L \tag{1.10}$$

$$V[R_S] = F^2 \sigma_A^2 + \sigma_L^2 - 2F\rho_{AL}\sigma_A\sigma_L \tag{1.11}$$

ただし，ρ_{AL} は資産リターンと負債リターンの相関係数である．

ここで資産ポートフォリオ $\{w_i, i = 1, \ldots, N\}$ は，資産収益率 R_i の期待値 μ_i と標準偏差 σ_i，および相関係数 ρ_{ij} を所与とし，さらにサープラスフレームワークにより新たに加わった負債を $N+1$ 番目の資産とみなすことによって，平均分散法の枠組みをそのままサープラスに関する最適化問題へ利用することができる．

$$\max_{w_i,\ldots,w_N} \sum_{i=1}^{N+1} w_i \mu_i - \lambda \sum_{i=1}^{N+1} \sum_{j=1}^{N+1} w_i w_j \rho_{ij} \sigma_i \sigma_j, \tag{1.12}$$

$$\text{subject to} \quad \sum_{i=1}^{N} w_i = 1, \quad w_i \geq 0, \quad i = 1, \ldots, N, \quad w_{N+1} = -\frac{1}{F}$$

1.2.2　Excel による計算

以下ではサープラスフレームワークの最適化の事例を示すが，そのために必要な「ソルバー」や「データ分析」などのアドインプログラムは Excel をインストールした初期状態では使用できるように設定されていない可能性がある．もし，Excel の「データ」タブをクリックして，表示されるクイックアクセスバーに「ソルバー」や「データ分析」という項目が見当たらない場合には（図1.6），利用者がアドインの設定を実行してそれらを利用可能な状態にしなければならない．その方法は Excel の便利なテクニックと併せて付録 A にまとめているので参照してほしい．

a.　ヒストリカルデータの収集

代表的な資産クラスのリターン，リスク，相関係数を推定するために，インデックスデータを入手することから始める必要がある．インターネット上では証券会社や証券取引所などが独自に計算した市場インデックスが複数公開されているが，度重なる合併や経営方針の変更などもあって，継続的データを入手することは簡単ではない．ここでは代表的なインデックスの名称のみを表1.1にまとめて示したので，検索などの参考としていただきたい．

表 1.1 代表的市場インデックス

アセットクラス	含まれる資産	ベンチマーク
短期金融資産	現預金，CD 現先，コールなど	● コール有担保翌日（日本銀行 HP から入手可能）
国内債	国債，政府保証債，地方債，利金債，事業債，円建外債など	● ノムラ・ボンドパフォーマンス・インデックス（NOMURA-BPI）総合 ● 日興債券パフォーマンスインデックス総合（日興フィナンシャル・インテリジェンス HP から入手可能）
株式	国内株式	● TOPIX 配当込収益率データ（TOPIX 指数には配当が含まれていない） ● RUSSELL/NOMURA 日本株インデックス（スタイル別も含めて野村證券 HP から入手可能） ● 日興株式パフォーマンスインデックス（スタイル別も含めて日興フィナンシャル/インテリジェンス HP から入手可能）
転換社債	国内転換社債	● 日興 CB パフォーマンスインデックス（日興フィナンシャル/インテリジェンス HP から入手可能）
外国債券	外国債券	● シティグループ世界国債インデックス（除く日本） ● シティグループ世界 BIG インデックス（除く日本）
外国株式	外国株式	● MSCI インデックス（除く日本）（MSCI の HP から入手可能，ただし長期系列はドルベースのみ．各国の配当源泉徴収前の Gross 系列と，源泉徴収後の Net 系列がある）
オルタナティブ	REIT，ヘッジファンドなど	● 東証 REIT 指数 ● EUREKAHEDGE Indices ● Jones Credit Suisse Hedge Fund Index

なお，サープラスフレームワークでは負債リターンを決める必要があるが，個々の年金制度に固有の負債データから直接計算するのではなく，資産インデックスやその他市場データを適当に組み合わせて負債の複製ポートフォリオを作成し，それをもって負債インデックスとする方法がある．ただし，負債固有の複製不可能なリスクを無視して，投資対象資産クラスの線形結合で負債インデックスを作ると，サープラスリスクを最小とする政策アセットミックスが負債インデックスの組成と一致するのは自明である．したがって，負債インデックスを作成する場合には，負債固有の不確実性を適切に反映させる仕組みを考える必要があるだろう．

b. 基本統計の算出

ここでは，各資産インデックスの過去データから収益率を計算し，平均値，標準偏差，相関係数，共分散行列などを計算し，それを将来の予測値として代

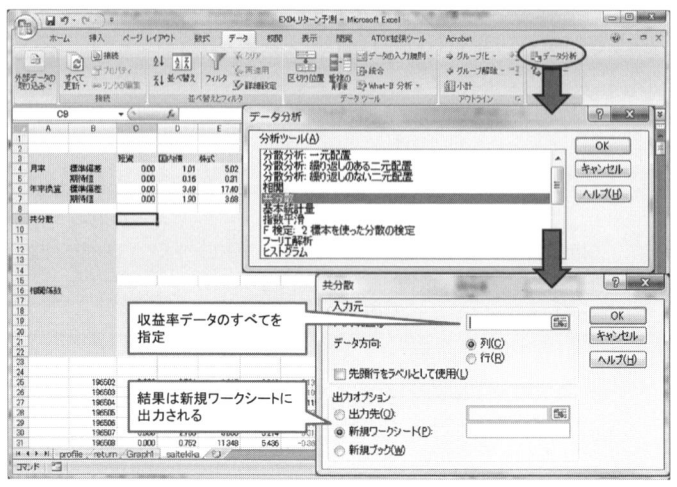

図 1.6 Excel による共分散行列の推定：「データ分析」の「共分散」を使用

替する．Excel の関数により，平均は AVERAGE( )，標準偏差は STDEV( ) で求める．「共分散」や「相関係数」は「データ分析」の中に用意されているアドインプログラムを利用して求める（図 1.6）．このとき，暗黙のうちにインデックス収益率の定常性（平均や分散が計測期間によらず一定であること）を仮定していることに注意しよう．なお，「データ分析」の「共分散」で求められる分散は与えられたデータを母集団とみなした分散・共分散である．自由度調整後の不偏標本分散を求めるためには分散は VAR( )，共分散は COVARIANCE.S(,) を利用する必要がある[*4]．ただし，データ数が十分大きければ自由度調整の有無の影響は小さいので無視してよいだろう．

問 1.3　Excel の「データ分析」の「共分散」で求めた自由度調整していない分散・共分散を，自由度調整後の不偏推定量に変換する方法を考えよ．

c. ソルバーによる解法

最適化の目的関数は，Excel の行列計算機能を利用すると入力が簡単なので，求めた収益率の平均値，標準偏差，共分散行列などは，図 1.7 に示したように表形式でまとめておくと続く行列計算で都合がよい．Excel ではベクトルおよび

[*4] COVARIANCE.S(,) は Excel2010 で追加された関数である．

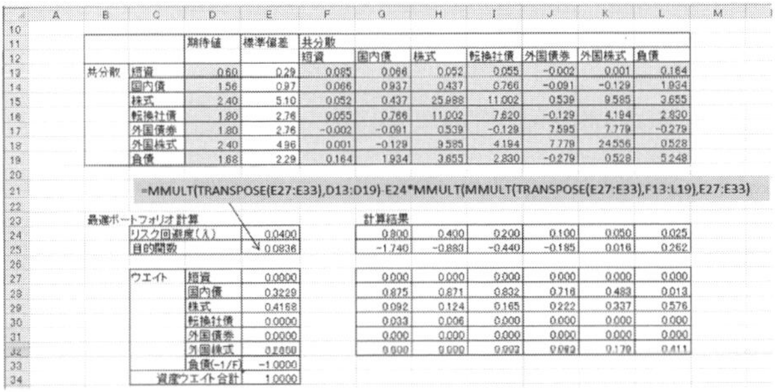

		期待値	標準偏差	共分散						
				短資	国内債	株式	転換社債	外国債券	外国株式	負債
共分散	短資	0.60	0.29	0.085	0.066	0.052	0.055	−0.002	0.001	0.164
	国内債	1.56	0.97	0.066	0.937	0.437	0.766	−0.091	−0.129	1.934
	株式	2.40	5.10	0.052	0.437	25.988	11.002	0.539	9.585	3.655
	転換社債	1.80	2.76	0.055	0.766	11.002	7.620	−0.129	4.194	2.830
	外国債券	1.80	2.76	−0.002	−0.091	0.539	−0.129	7.595	7.779	−0.279
	外国株式	2.40	4.96	0.001	−0.129	9.585	4.194	7.779	24.556	0.528
	負債	1.68	2.29	0.164	1.934	3.655	2.830	−0.279	0.528	5.248

=MMULT(TRANSPOSE(E27:E33),D13:D19)-E24*MMULT(MMULT(TRANSPOSE(E27:E33),F13:L19),E27:E33)

最適ポートフォリオ計算

リスク回避度（λ）		0.0400
目的関数		0.0836
ウエイト	短資	0.0000
	国内債	0.3229
	株式	0.4168
	転換社債	0.0000
	外国債券	0.0000
	外国株式	0.2600
	負債(−1/F)	−1.0000
資産ウエイト合計		1.0000

計算結果

0.800	0.400	0.200	0.100	0.050	0.025
−1.740	−0.883	−0.440	−0.185	0.016	0.262
0.000	0.000	0.000	0.000	0.000	0.000
0.875	0.871	0.832	0.716	0.483	0.013
0.092	0.124	0.165	0.222	0.337	0.576
0.033	0.006	0.000	0.000	0.000	0.000
0.000	0.000	0.000	0.000	0.000	0.000
0.000	0.000	0.002	0.062	0.179	0.411

図 **1.7**　Excel による最適ポートフォリオ計算のためのシート

行列の積は `MMULT( , )` で，また，転置は `TRANSPOSE( )` で行うので，これらの数式を入れ子で用いれば目的関数を 1 つの数式として入力できる（図 1.7 中に数式を示した）．ただし，Excel で行列計算式を入力する場合には「Ctrl」+「Shift」+「Enter」で確定させないとエラーになることに注意しよう．(1.12) 式で示されたサープラスフレームワークによる平均分散法の数理計画問題を行列計算で示すと次のとおりである．

$$\max_{w_1,\ldots,w_N} \quad \boldsymbol{W}^\top \boldsymbol{R} - \lambda \boldsymbol{W}^\top \boldsymbol{\Sigma} \boldsymbol{W} \tag{1.13}$$

$$\text{subject to} \quad \boldsymbol{W}_A^\top \mathbf{1} = 1, \quad \boldsymbol{W}_A \geq 0, \quad w_{N+1} = -\frac{1}{F}$$

ただし，

$$W = \begin{pmatrix} w_1 \\ w_2 \\ \vdots \\ w_{N+1} \end{pmatrix}, \qquad W_A = \begin{pmatrix} w_1 \\ w_2 \\ \vdots \\ w_N \end{pmatrix}, \quad \boldsymbol{R} = \begin{pmatrix} \mu_1 \\ \mu_2 \\ \vdots \\ \mu_{N+1} \end{pmatrix}$$

で，$\mathbf{1}$ は要素がすべて 1 である N 次元ベクトル，$\boldsymbol{\Sigma}$ は $(N+1)\times(N+1)$ の分散共分散行列である．$N+1$ 番目は負債なので，w_{N+1} は固定されている（最適化計算の中で動かさない）ことに注意しよう．

ソルバーは，Excel ウィンドウの上部に表示されている「データ」タブをクリックすると現れるクイックアクセスバーの中から，「ソルバー」を選択（クリック）することで起動できる．ソルバーを起動したら，目的関数や変化させ

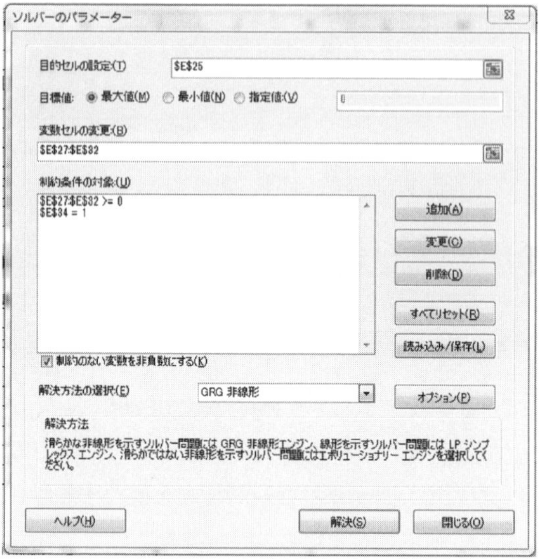

図 1.8 Excel のソルバー

るセル，制約条件を適切に入力して実行すればよい（図 1.8）．計算結果を適当な場所にコピーして，条件を変えながら繰り返しソルバーを実行することで，複数の最適計算結果を得ることができるので，それらをグラフなどで可視化すれば直感的な比較・検討が可能となるだろう．

1.3 CAPM

古典的な経済学では，市場および市場参加者が理想的な条件を備えていると仮定して，参加者すべてが納得した価格において需要と供給が一致する均衡状態が達成されるというモデルを考え，その理論価格や，条件変化が価格にどのような影響を与えるかを考察してきた．CAPM もまた市場における均衡モデルの 1 つであり，合理的な投資行動が集約された市場において均衡が成り立つとき，証券の価格はその証券のリスクに応じて決まると主張するモデルである．

一方で，市場参加者は必ずしも経済合理的行動をとるわけではないとする行動ファイナンス理論が登場し，CAPM などでは説明できない状況を理解する手

立てを提供してくれている．しかし，残念ながら行動ファイナンス理論は規範的な価格モデルを提案するに至っていないし，そもそもそういったモデルの存在を否定する根拠にもなりうるため，理論を応用するためにはさらなる発展が期待されるところである．

さて，CAPM には問題があるとされながらも，投資の意思決定に必要な証券評価やリスク管理はもちろんのこと，投資パフォーマンスの評価，より一般的な投資プロジェクト評価のための割引金利（リスクプレミアムを含む金利）の推計など，証券市場分析のみならず，コーポレートファイナンスやそれに関連する分野で広く利用されている．以下では CAPM の導出を確認し，実証および応用事例を示す．

1.3.1 分散消去可能なリスク

最適ポートフォリオ選択の議論において，ポートフォリオのリスクは，それを構成している個別証券リスクの線形結合（加重平均）よりも小さくなる分散効果が現れることを確認した．これはポートフォリオのリスク–リターンを表すグラフが左側に膨らむ効果として観測できるものである．ここでは分散効果によって消去できるリスクはどんなリスクであるかについて，N 個の証券に関する市場モデルを使って考察する．

a. 市場モデル

市場モデルとは，個別証券の収益率を市場に連動する要因と，当該証券に固有の固定的要因および誤差に分けて表現する線形モデルである．ここで市場の指標としては TOPIX などの代表的インデックスを用いるのが普通である．個別証券の収益率を R_i，市場インデックス収益率を R_M，誤差を ϵ_i として市場モデルを表すと次のとおりである．

$$R_i = \alpha_i + \beta_i R_M + \epsilon_i, \tag{1.14}$$

$$E[\epsilon_i] = 0, \ Cov[\epsilon_i, \epsilon_j] = 0, \quad i \neq j \tag{1.15}$$

この市場モデルに基づいて個別証券の収益率に関する期待値と分散を求めれば次のとおりである．

$$E[R_i] = \alpha_i + \beta_i E[R_M], \tag{1.16}$$

$$V[R_i] = \beta_i^2 V[R_M] + V[\epsilon_i] \tag{1.17}$$

ここで，収益率の分散は2つの部分に分解されているが，$\beta_i^2 V[R_M]$ は市場インデックスの分散に比例する部分で**市場性リスク**（もしくは共通リスク）と呼ばれ，$V[\epsilon_i]$ は当該証券に固有のもので**非市場性リスク**（もしくは残差リスク）と呼ばれ区別されている．

b. ポートフォリオのリターンとリスク

さて，N 個の証券からなるポートフォリオの収益率 R_P は，第 i 証券の収益率 R_i と構成比率 w_i を用いて次のように表すことができる．

$$R_P = \sum_{i=1}^{N} w_i R_i, \quad \text{ただし} \quad \sum_{i=1}^{N} w_i = 1$$

ここで，簡単のため等金額投資のポートフォリオであるとして $w_i = 1/N$ を仮定すると，

$$R_P = \alpha_P + \beta_P R_M + \bar{\epsilon} \tag{1.18}$$

となる．ただし，$\alpha_P = 1/N \sum_{i=1}^{N} \alpha_i$，$\beta_P = 1/N \sum_{i=1}^{N} \beta_i$，$\bar{\epsilon} = 1/N \sum_{i=1}^{N} \epsilon_i$ である．したがって，ポートフォリオの収益率の分散は，

$$V[R_P] = E[(R_P - E[R_P])^2] = \beta_P^2 \sigma_M^2 + \frac{1}{N} \bar{\sigma}_{\epsilon^2} \tag{1.19}$$

のとおり求まる．ただし，$\sigma_M^2 = V[R_M]$，$\bar{\sigma}_{\epsilon^2} = 1/N \sum_{i=1}^{N} V[\epsilon_i]$ である．ここで，$\bar{\sigma}_{\epsilon^2}$ は誤差の分散の平均値になっているが，通常，収益率の分散は有限の値になると考えてよいだろう．そこで，N 証券ポートフォリオにおいて究極的な分散投資（$N \to \infty$）が行われたとき，個別証券の非市場性リスクが消去されて，最終的には市場性リスクのみが残る．

$$\sigma_P = \beta_P \sigma_M$$

以上のとおり，分散効果によって消去されるリスクは非市場性リスクであることが確認できた．

問 1.4 ポートフォリオ収益率の分散を表す (1.19) 式を導出せよ．

1.3.2 CAPMの前提条件

CAPMが成立するための前提条件について，その意図（「→」で表示）とともに確認しよう．

- 合理的投資家：
  すべての投資家は自分が保有するポートフォリオの1期間の収益率の期待値と標準偏差に注目して危険回避的最適行動をとる．
  →すべての投資家は平均分散法でポートフォリオを作る．
- 同質的予測：
  すべての投資家は，個別証券の収益率についてはその期待値と標準偏差にのみ注目し，それらの期待値，標準偏差および相関係数について同じ予想をもっている．
  →平均分散法のインプット情報はすべての投資家において共通．
- 完全市場：
  取引コストや税金はないものとする．また，資産は無限分割可（需給はなめらかに調整される）で，個々の取引が市場に影響を及ぼさない．
  →投資資金が少額でも完全に分散された最適ポートフォリオを保有できる．
- 投資行動の制約：
  証券の空売りは無制限にでき，無リスク金利で無制限に借金できる．
  →（後述の）分離定理が成立することを保証．
  →分離定理が成立することによって，すべての投資家が同一の危険証券ポートフォリオ（これを「市場ポートフォリオ」という．詳細は後述する）をもつことになる．
- 対象となっている資産の範囲：
  すべての資産が取引されている．
  →「市場ポートフォリオ」が存在する必要条件．

1.3.3 CAPMの論証

a. 資本市場線

需要と供給が一致した均衡状態にある市場では，その状態における証券価格（＝均衡価格）をすべての投資家が満足して受け入れていると考えてよいだろ

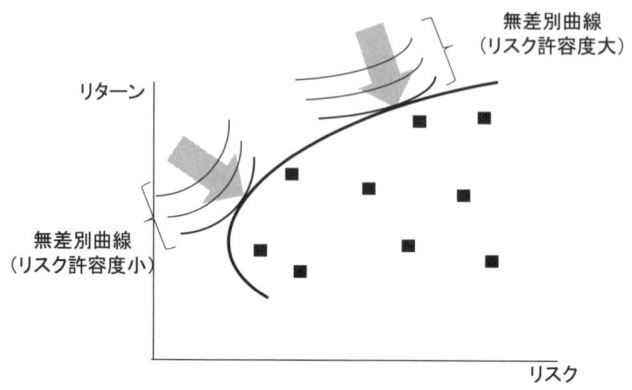

図 1.9　無差別曲線と効率的フロンティア

う．CAPMでは先に示した前提条件の下で，市場が均衡状態にあるときに資産価格がどのように決まるかを考える．前提条件によれば，すべての投資家は平均分散法でポートフォリオを構築し，しかもそのインプットである個別証券収益率の期待値と標準偏差に関して同じ予測を行っていることを仮定しているため，すべての投資家は同じ効率的フロンティアを想定していることになる．

それでは，効率的フロンティア上のどのポートフォリオを選択することになるのだろうか？　期待効用理論によれば，リスク–リターン平面では無差別曲線が期待効用の大きさを表した．危険回避的投資家の無差別曲線は下に凸な単調増加曲線で，左上にあるほうが効用が高く，右下にいくほど効用が低下する．一方，効率的フロンティアは，左に凸の形の曲線になることが示される．したがって，投資家が選ぶポートフォリオは，無差別曲線と効率的フロンティアの接点に位置づけられる．ただし，投資家ごとのリスク許容度に応じて無差別曲線の形状が異なるため，投資家ごとに異なるポートフォリオを選択する（図1.9）．

しかし，CAPMの前提条件においては，無リスク資産の存在を仮定している上に，無リスク金利での借り入れも無制限にできることから，投資家にとっての新しい効率的フロンティアは，無リスク資産（切片）から従来の効率的フロンティア上へ引いた接線へと変化する．なぜならば，図1.10を見れば明らかであるように，接線で示された新しい効率的フロンティアのほうが，従来の効率的フロンティア（ただし接点を除く）よりも効用が高いからである．

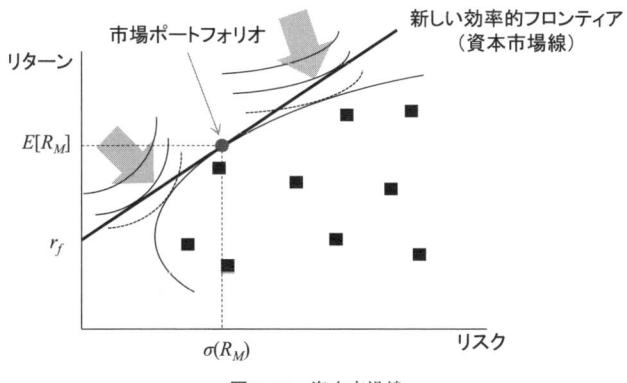
図 1.10 資本市場線

新しい効率的フロンティアとしての直線は**資本市場線**（CML）：

$$E[R_P] = r_f + \frac{E[R_M] - r_f}{\sigma(R_M)} \sigma(R_P) \tag{1.20}$$

である．ここで，r_f は無リスク資産の収益率，R_M は接点にあたる**市場ポートフォリオ**（market portfolio）の収益率で，$\sigma(\ )$ は標準偏差の意味である．$(E[R_M] - r_f)/\sigma(R_M)$ は単位リスクあたりの超過リターン，すなわち，市場のリスクプレミアムを表している．したがって，資本市場線は均衡状態におけるリスク資産の期待リターンが，リスクに比例して決まるリスクプレミアムと無リスクリターンの和に一致する，という関係を表している．

問 1.5 無リスク資産と市場ポートフォリオを組み合わせてできるポートフォリオは直線（CML）上に位置づけられるということは，分散効果が働かないことを意味する．理由を確認せよ．

b. 分離定理

CAPM はすべての投資家がこの資本市場線上のポートフォリオを選択することを主張しているが，このとき，市場ポートフォリオはすべての投資家にとって共通の危険資産ポートフォリオである．各投資家は，それぞれのリスク回避度に応じて，市場ポートフォリオと無リスク資産を適当に組み合わせたポートフォリオを保有することになる．つまり CAPM は，投資家のリスク回避度の違いは，無リスク資産と市場ポートフォリオの比率の違いとして現れるが，危険

資産の組み合わせは市場ポートフォリオに一致しているので違いはない，ということを主張している．無リスク資産への資産配分と危険資産選択の意思決定が分離されるので，この結論を**分離定理**という．分離定理が成立するとき，すべての資産は投資家によって保有されているのだから，結局，市場ポートフォリオは時価総額加重ポートフォリオであると帰結できるだろう．

例 1.3 インデックスファンドはパッシブ運用といわれる資産運用スタイルの具体的な方法であるが，これは市場を代表するインデックスを複製することで，市場に負けない運用を目指す方法である．理論的な根拠が CAPM の市場ポートフォリオにあるため，日本では時価総額加重指数である TOPIX が目標インデックスとして適切であるが，実際には時価総額指数でない日経平均株価に関連するファンドが TOPIX と同等かそれ以上に取引されている．その背景には日経平均は「円」表示でわかりやすいことや，先物やオプションを含めて考えると TOPIX よりも取引量が多く，流動性が高いことなどがある．

c. 証券市場線

CAPM が成立する市場で，資本市場線は投資家が保有するポートフォリオの期待リターンとリスクの関係を示していた．では，個別証券の期待リターンとリスクの関係はどのように扱われるべきであろうか．

個別証券の期待リターンについて考えるとき，投資家が保有する市場ポートフォリオは高度に分散されているため，投資家は個別証券の非市場性リスクを負担していないことになるので，個別証券の非市場性リスクは投資の意思決定において関心の対象に含まれない．超過収益の源泉となるリスクは，分散投資によって消去できない部分，すなわち，個別証券収益率と市場ポートフォリオ収益率の共分散（当該証券の市場性リスク $\sigma(R_M)$ に連動する部分）である．

個別証券と市場ポートフォリオの収益率の共分散は，相関係数を ρ_{iM} として，

$$Cov(R_i, R_M) = \rho_{iM}\,\sigma(R_i)\sigma(R_M)$$

であるから，市場ポートフォリオのリスク（標準偏差）に対する共分散比率：

$$\frac{Cov(R_i, R_M)}{\sigma(R_M)} = \rho_{iM}\,\sigma(R_i)$$

は個別証券の総リスクのうちで市場性リスクの影響を受ける部分の割合と解釈

できる.そこで,個別証券のリターンの源泉がこのリスクにあるとみなして,資本市場線におけるリスクプレミアム $(E[R_M] - r_f)/\sigma(R_M)$ を単位リスクあたりのプレミアムとして計算に用いると,

$$E[R_i] = r_f + \frac{E[R_M] - r_f}{\sigma(R_M)} \frac{Cov(R_i, R_M)}{\sigma(R_M)}$$

となり,改めて次のように表すことができる.

$$E[R_i] - r_f + (E[R_M] - r_f)\beta_i, \quad \beta_i = \frac{Cov(R_i, R_M)}{\sigma(R_M)^2} \quad (1.21)$$

これは,**証券市場線**(SML)と呼ばれる関係式で,個別証券の期待リターンとリスクの関係を表すものである.

また,次のような方法で証券市場線を求めることもできる.合理的な投資家が選択するポートフォリオの集合が資本市場線で示されるとき,資本市場線はリスク証券だけからなる効率的フロンティアへの接線となることから,次の接線の傾き(単位リスクあたりの超過リターン)を表す θ:

$$\theta = \frac{E[R_M] - r_f}{\sigma_M}$$

が最大になるようにリスク証券を選択しているはずである.ここで,接点に位置する市場ポートフォリオを構成する個別証券のウェイトを $\{w_1, \ldots, w_N\}$,証券収益率の標準偏差を $\sigma_i = \sigma(R_i)$,共分散を $\sigma_{ij} = Cov(R_i, R_j) = \rho_{ij}\sigma_i\sigma_j$ で表すと,

$$E[R_M] = \sum_{i=1}^{N} w_i (E[R_i] - r_f), \quad \sigma_M = \sqrt{\sum_{i=1}^{N}\sum_{j=1}^{N} w_i w_j \sigma_{ij}}$$

であることに注意して,θ が最大値になるための1階の条件式:

$$\frac{\partial \theta}{\partial w_k} = 0 \quad (1.22)$$

を解けば証券市場線(1.21)式と同じ結論が得られる(導出は章末問題とした).

問 1.6 CAPMでは,市場ポートフォリオと無相関な証券があるとすると,その証券の期待超過収益率はいくらになるか.

1.4 CAPMの実証分析例

1.4.1 回帰分析による証券市場線の推定

CAPMの証券市場線は，個別証券と市場ポートフォリオの収益率に関する回帰モデルとして推定できるが，市場ポートフォリオは投資家が保有するあらゆる資産を含むものとして定義されているため，具体的に市場ポートフォリオを決めることは難しい．

そこで，実証研究では，たとえば東証一部上場株式のみを対象として，その時価総額指数であるTOPIX（浮動株比率で調整されている）を市場ポートフォリオとみなすなど，対象資産を上場株式などに限定して考えることが多い．この方法によるCAPMの実証分析結果を以下に示す．

a. NTTのベータ値の推定例

市場ポートフォリオをTOPIXとした場合について，NTT（日本電信電話）の証券市場線を2000年12月〜2005年12月の株価を用いて推定してみよう．証券市場線は，

$$E[R_{NTT}] = r_f + \beta(E[R_{TOPIX}] - r_f)$$

なので，以下の回帰モデルとして推定する．

$$Y = \alpha + \beta X + \epsilon$$

ただし，$Y = R_{NTT} - r_f$，$X = R_M - r_f$ で，ϵ は誤差項である．また，1カ月の無リスク資産収益率は前月末の1カ月コールレートの1/12を使用した．なお，ここでは使用したデータの都合で，NTTおよびTOPIXの収益率計算に配当は含まれていない[*5)]．

回帰分析はExcelの「データ分析」アドインプログラムの中に用意されている「回帰分析」を利用して行った．分析の結果は，図1.11に示した．

推定された回帰モデルの傾きが β であるが，推定値は0.914でその t 値は

[*5)] ここではインターネット上で公開されているデータを使用した．収益率はYahoo!ファイナンスからダウンロードした株価から計算した（したがって，配当は考慮していない）．無リスク収益率は日本銀行のホームページからダウンロードしたコールレートを使用した．

1.4 CAPMの実証分析例

[散布図: y = 0.9141x - 0.0089]

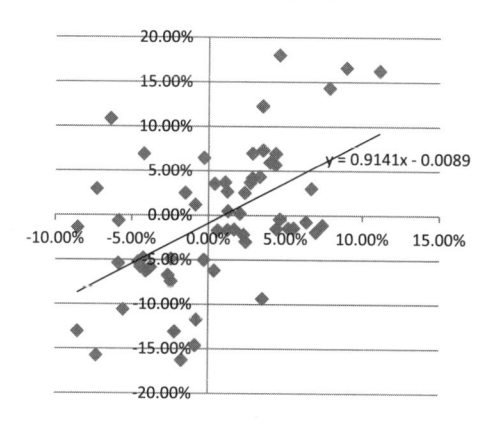

回帰統計	
重相関 R	0.539249
重決定 R2	0.290789
補正 R2	0.278562
標準誤差	0.066361
観測数	60

分散分析表

	自由度	変動	分散	観測された分散比	有意 F
回帰	1	0.104728	0.104728	23.78107	8.77E-06
残差	58	0.255422	0.004404		
合計	59	0.360149			

	係数	標準誤差	t	P-値	下限 95%	上限 95%	下限 95.0%	上限 95.0%
切片	−0.00891	0.008622	−1.03325	0.305776	−0.02617	0.00835	−0.02617	0.00835
TOPIX	0.914077	0.187442	4.876584	8.77E-06	0.538871	1.289284	0.538871	1.289284

図 1.11 回帰分析結果：NTT vs. TOPIX

4.876, p 値は 8.77×10^{-6} であり帰無仮説を強く棄却する結果となっている. 一方, CAPM が成立していれば, 本来 0 であるべき切片 α については, t 値が -1.033, p 値が 0.305 であり, 帰無仮説：$\alpha = 0$ を棄却できない. 補正決定係数は 0.278 で決して高い値ではないが, NTT の当該期間については CAPM モデルが成立していないとはいえない結果である.

市場の全体的な傾向を確認するため, 東証一部上場銘柄で 2001 年 1 月～2005 年 12 月の 60 カ月について収益率が得られる 1271 銘柄についても同様の分析を行ったところ, β と α の平均値はそれぞれ 0.957, 1.176 で, α が比較的大き

な値になっている銘柄が多いことが確認できた．多くの銘柄で CAPM が成立しない可能性を示唆していると解釈できるだろう．参考として，β と α，決定係数（RSQR）についてのヒストグラムを図 1.12 に示した．

次に β の時間的安定性についても確認した．わが国を代表する製造業としてトヨタ自動車を，景気変動の影響を強く受けないとされるディフェンシブ銘柄の代表として武田薬品工業を，そして金融関連の代表として野村證券を取り上げ，毎月，そこに至るまでの 60 カ月間のデータにより β を推定し，その時系列推移を図 1.13 に示した．

図を見て明らかなとおり，全般的に野村證券（金融関連）の β は高い水準で推移する一方で，武田薬品工業は低水準で推移する様子が確認できる．しかし，いずれの銘柄においても β は推定する時期によって異なり，常に安定した値を示すとは限らないようである．

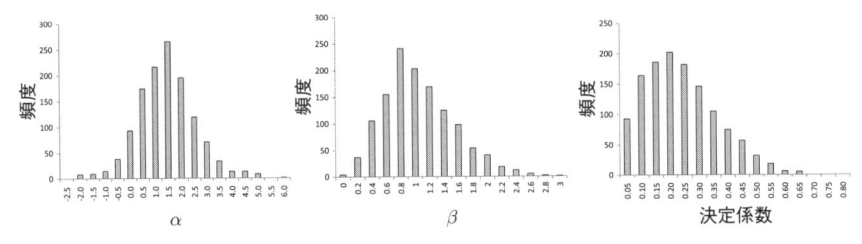

図 1.12 回帰分析結果のヒストグラム（α，β，決定係数）

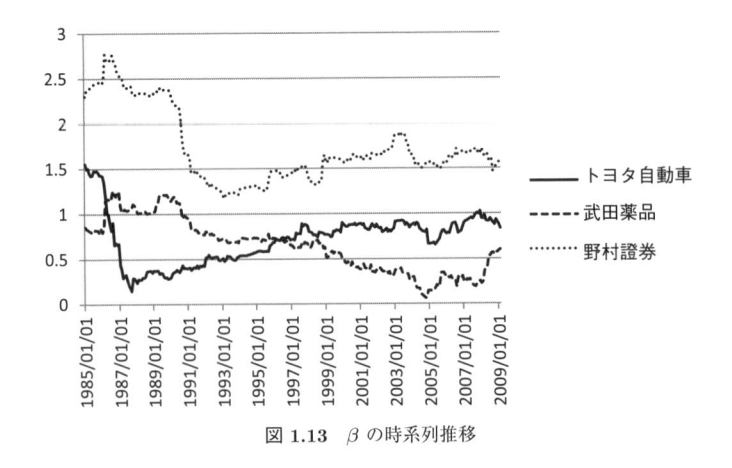

図 1.13 β の時系列推移

1.4.2 β の予測

CAPM は 1 期間モデルであるため β の経時的性質については何ら言及しないが,前項で 60 カ月間の β を時期を変えながら推定した結果は一定といえなかった.実際に,企業の規模や業績,事業内容は時とともに変化し,また経営環境変化から受ける影響も企業によって異なるので,株価のリスク尺度である β が変化するというのは自然なことである.それでは,β が安定していないときに,証券投資の意思決定やリスク管理上重要な将来の β をどのように決めたらよいのだろうか.以下では実務的な方法を説明する.

a. ヒストリカル β

過去データから回帰分析で求めた β をヒストリカル β と呼ぶことにする.ヒストリカル β を予測値として利用するためには,とくに回帰分析に用いるデータ期間の選択に工夫が求められる.

通常,回帰分析ではパラメータ統計量の一致性を前提としているため,データ期間が長いほど推定値の信頼性は高くなることが期待されるが,β が一定でないとすると,データ期間を長くとることによって遠い過去の影響を強く受けた,近い将来の予測値として不適切なヒストリカル β を推定してしまう可能性が高まる.よって,統計的な信頼性と予測値としての適切性を両立するために,回帰に用いるデータ期間を注意深く決める必要がある.強い根拠があるわけではないが,実務では,過去 3〜5 年分 (36〜60 カ月) の月次収益率データ,もしくは半年から 1 年程度の日次データを用いることが多いようである.しかし,データ期間を固定して定期的に回帰分析を適用すると,新しいデータが更新されると同時に古いデータが除外される為,特定のデータが除外されたことが原因で推定値が大きく変化することがある.遠い過去のデータの採否が推定値を決定づけるのは望ましいことではないので,データの外れ値やてこ比[*6] の大きいデータの修正・除外を行うことも検討すべきである.または,経過時間に応じて古いデータの重みを低減するような重み付き回帰分析でヒストリカル β を推定する方法も対策として有効だろう.

[*6] てこ比とは,説明変数 x のサンプル x_i について,その平均 $\bar{x}$ からの乖離の大きさを表す比率で,自由度調整を無視すれば $h_i = (x_0 - \bar{x})/(\sum_{j=1}^{n}(x_j - \bar{x})^2)$ で与えられる.詳細は吉澤 (1992) を参照.

b. ベイズ修正 β

回帰分析によるヒストリカル β 推定値を概観すると，過小もしくは過大評価されている銘柄が散見されるので，市場の横断的な平均値を事前情報としてベイズ理論により修正すべきという考え方が Vasicek (1973) によって示された．以下ではベイズ修正 β の概要について説明する．なお，詳細については中妻 (2007) を参照してほしい．

さて，β 推定のための回帰モデルを

$$y_t = \alpha + \beta x_t + \epsilon_t, \quad \epsilon_t \sim i.i.d.\ N(0, \sigma^2)$$

で表す．ただし，y_t は t 期における証券の超過収益率，x_t は市場ポートフォリオ（実際には TOPIX などの代表的インデックスで代替）の超過収益率である．ただし，$t = 1, \ldots, T$ とする．β の事前分布を $\beta|\sigma^2 \sim N(\mu_\beta, \tau_\beta^2)$ としてベイズ理論を適用すると，ベイズ修正 β（β_B とする）は，

$$\beta_B = \phi \beta_H + (1-\phi)\mu_\beta, \qquad \phi = \frac{\frac{\sum_{t=1}^T x_t^2}{\sigma^2}}{\frac{\sum_{t=1}^T x_t^2}{\sigma^2} + \frac{1}{\tau_\beta^2}} \qquad (1.23)$$

と表せる．ここで β_H は回帰分析で推定されたヒストリカル β である．すなわち，ベイズ修正 β は，データから求めた客観的な推定値（β_H）と主観的な予測値（μ_β）の ϕ による加重平均値になっているのである．たとえば，主観的な予測にまったく自信がない場合，事前分布の分散 τ_β^2 は非常に大きな値となるはずである．その結果，(1.23) 式の ϕ は限りなく 1 に近づき，結局，β_B は β_H に一致することになる．逆に回帰モデルの誤差分散 σ^2 が大きい状況を想像しても納得のいく結果となるだろう．

実際の推定では，データ (x_t, y_t) $(t = 1, \ldots, T)$ が与えられ，事前分布 μ_β も何らかの方法で決められているので，もし σ^2 が既知であれば β_B は簡単に計算できる．しかし必ずしも σ^2 は自明でないので他のパラメータと同時に推定するためには，それらパラメータの同時分布をマルコフ連鎖モンテカルロ法 (Markov chain Monte Carlo method：MCMC 法）などの数値積分法により計算することになる．

しかし実際に MCMC 法でパラメータ推定することは煩雑であるため，厳密な手続きを省略して，ϕ や μ_β に銘柄横断的に同一の値を仮定して (1.23) 式で計

算した値をベイズ修正 β と呼ぶことが多いようである．たとえば，Bloomberg が提供している "Adjusted beta" は，$\phi = 0.67$, $\mu_\beta = 1$ として計算されたものである．

c. ファンダメンタル β

通常，β は個別証券と市場インデックスの時系列データに関する回帰分析で推定されるが，これに対してファンダメンタル β は，現時点で利用可能なクロスセクションデータの回帰分析で推定されるという違いがある．クロスセクション回帰には，株式の基礎的なリスク特性に関連する変数，具体的には，時価総額，株価ボラティリティ，株価モメンタムなど市場関連ファクター，PER や PBR に代表される株価・財務比率，その他財務データを組み合わせて作られる各種ファクター，業種や地域のダミー変数など，多種多様なファクターが採用される．推定したモデルの回帰係数をファンダメンタル β と呼ぶこともあるが，通常は推定したクロスセクションモデルから個別証券と市場インデックスの共分散を求め，(1.21) 式に代入して求めた β が一般にいうファンダメンタル β である．

採用されるファクターには一定期間の時系列データから算出されるものが含まれるが，ヒストリカル β と比べると，直近の変化や状態を適確に反映した推定が可能となるため，対象証券のリスク特性変化や市場構造の変化を素早く反映できる点において予測 β としての適性を備えていると考えられている．

ファンダメンタル β の代表的なものとしては，Barra 社や Northfield 社が商用ベースで提供するものがある．Barra 社の日本株モデルについては詳細なレポートが同社ホームページ上に公開されている．

章 末 問 題

問題 1.1 インターネットから株式や債券，外国証券などの市場インデックスデータを入手し，Excel で月次収益率を計算し，その平均値，共分散を求め，(1.7) 式で示された平均分散法をソルバーで実装し，最適ポートフォリオを計算して求めよ．

問題 1.2 年金基金などで，政策アセットミックスの構築において平均分散法を利用するためには，投資対象となる資産クラスの期待リターンおよびリスク（標準偏差），相関係数などの前提条件を決めなければならない．しかし，代表的な年金基金や信託銀行，生命保険会社の推奨するアセットアロケーション情報が得られることはあっても，計算の前提条件まで入手できるのはまれであろう．

さて，平均分散法は，投資対象資産の期待リターンとリスク構造である共分散（標準偏差と相関係数）を与えたとき，目的関数を最大にするような最適ポートフォリオを求める方法である．そこで，最適ポートフォリオとリスク構造を所与としたとき，目的関数最大化で制約条件が効いていないという条件の下で，最大化の1階の条件式を求めると，それは期待リターン（インプライドリターン）に関する連立方程式になる．これを解けばインプライドリターンを逆算できる．

(1.7) 式に関する1階の条件式よりインプライドリターンを導出せよ．

問題 1.3 問題 1.1 の Excel ワークシートで，適当な最適ポートフォリオを与えた上でインプライドリターンを求めよ．

問題 1.4 (1.22) 式を解いて証券市場線を求めよ．

2

マルチファクター・プライシングモデル

　CAPMはシンプルで使い勝手のよい理論モデルだが，第1章で確認したとおり，回帰分析で推定したヒストリカルβが時系列的に安定しないことや，切片が有意に0でない値をとるなど，そもそもCAPMが個別証券リターンを十分に説明できないという懸念がつきまとう．実際に，小型株効果やPBR効果などCAPMと矛盾する事象が観察されて，CAPMに代わるマルチファクター・プライシングモデルとして裁定価格理論（arbitrage pricing theory：APT）が提案されたという経緯がある．

　本章ではCAPMの拡張であるAPTを確認した後，Fama–Frenchモデルに代表されるマルチファクターモデルの事例を紹介する．

2.1 APTモデル

2.1.1 APTモデルとは

　APTはCAPMで必要だった強い前提条件の多くを必要としないが，同質的予測（すべての投資家は，個別証券の収益率についてはその期待値と標準偏差にのみ注目し，それらの予測値は同一である）を仮定する．また，一物一価の法則に基づいて個別証券の価格付けを行うため，個別証券の価格の線形性を仮定する．価格の線形性とは，p円の証券n枚とq円の証券m枚を購入した代金は$np+mq$となる性質である．これは説明の必要のない当たり前のことと思われるかもしれないが，一般的な消費財では価格の線形性が成立しない取引もしばしば観察される[*1]．

[*1] たとえば，ティッシュや電池のまとめ売りを想像してほしい．

CAPMでは個別証券の収益率が，唯一のリスクファクターである市場ポートフォリオの収益率に対する感応度 β_i で決まるとしているが，APTでは次のような複数ファクターを説明変数とする線形モデルの構造を最初に仮定する．

$$R_i = a_i + b_{i1}F_1 + b_{i2}F_2 + \cdots + b_{ij}F_j + e_i \tag{2.1}$$

ここで，R_i は i 証券の収益率，F_j はファクター，a_i はファクターに依存しない期待リターン，b_{ij} はファクター j に対する感応度，e_i は誤差である．

取引されている証券を適当に組み合わせることによって，特定のファクター F_j に対する感応度が 1 で，その他のファクターに対する感度が 0 であるようなポートフォリオ（これを F_j ファクターポートフォリオと呼ぶ）を作ることができるとする．F_j ファクターポートフォリオの期待リターンを $E[R_j^P]$ として，

$$\lambda_j = E[R_j^P] - r_f$$

を求めると，λ_j は F_j ファクターのリスクプレミアムである．同様にしてすべてのファクターについてのリスクプレミアムを求めることができるとき，個別証券 i の期待リターンは，

$$E[R_i] = r_f + \lambda_1 b_{i1} + \lambda_2 b_{i2} + \cdots + \lambda_j b_{ij}$$

のとおり表すことができるというのが APT の結論である．

APT モデルでは，ファクターポートフォリオは実際に取引されている証券のポートフォリオなので，CAPM における市場ポートフォリオよりも具体的である．APT は CAPM よりも実際に応用しやすいという意見があるが，その反面，ファクターがいくつ存在するのか，また個々のファクターが具体的にどのようなリスクに対応しているかについては何もいえないという難しさを伴う．

2.1.2 APT モデルの推定

具体的な APT モデルの推定方法は複数ある．

第 1 の方法は，因子分析法により各証券の収益率の背後にある共通要因を収益率データから抽出する方法である（Elton and Gruber (1988) など）．この方法によれば，個別証券の収益率データを最もうまく説明できる線形モデルのファクターを統計的に作成することになるので，他の方法よりも説明力が高い

モデルが得られるというメリットがある。しかし，作成されたファクターが具体的に何を意味しているかは自明でないため，各ファクターに対する個別銘柄の感応度などを見ながら，分析者が主観的に判定しなければならない．

第2の方法は，実際に観測できる経済・市場変数を共通ファクターとみなして，個別銘柄ごとに回帰分析を行いファクター感応度を推定する方法である（Chen et al. (1986) など）．たとえば，金利や為替，さらには鉱工業生産やインフレ率，国民総生産の伸び率など，株式収益率との関連性が指摘される変数は数多く存在するので，これら変数との関係を回帰分析で推定しようとするものである．しかし，マクロ経済関連データが発表されるまでのタイムラグの問題や，これら変数の適切性の問題（株式収益率と必ずしも線形関係が成立していない場合，採用されるファクター間の相関が強い場合など）もあることから，実際に納得感の高いファクターを選択して統計的に有意なモデルを推定することは簡単ではない．

第3の方法は，APTのファクターの代理変数とみなせる代表的な変数，たとえば，時価総額や株主資本株価比率などによって個別銘柄をランキングし，その順位に応じて作成した分位ポートフォリオの最上位と最低位の差（スプレッドリターン）をファクターとして採用する方法である[*2]．代表的なモデルはFama and French (1993) が提案した3ファクターモデルであるが，同モデルは，市場ファクターと，割安/成長ファクター，規模ファクターの2変数について求めたスプレッドリターンを利用したファクターモデルである．なお，このモデルを提案するに先だって，Fama and French (1992) は個別銘柄の横断的な収益率の違いを時価総額や株主資本株価比率により説明するクロスセクション回帰モデル（Fama–MacBeth回帰）による分析を足がかりとしており，これら一連の方法は株式収益率分析の基本的な方法として，その後の多くの研究で採用されている．なお，クロスセクション回帰モデルは，ある時点の個別銘柄収益率とその属性との関係性を示すモデルであり，APTが主張するリスクプレ

[*2] APTにおけるファクターリターンを得るために，こうした分位ポートフォリオの差を利用する方法を，リスクファクターを株式ポートフォリオにより「模倣（mimic）」するという意味を込めて，ファクター・ミミッキング・ポートフォリオもしくは単にミミッキング・ポートフォリオということがある．

ミアムとの関係を説明するものではないことに注意しよう．

2.1.3 発展的な APT モデル

APT モデルは，通常，推定する期間においてファクター感応度が一定であると仮定した上で，回帰分析や因子分析などの方法を適用して推定する．しかし，そうした仮定を緩和したより一般的なモデルが提案されている．

Ferson and Harvey (1999) によれば，時系列とクロスセクションデータを同時に扱う APT モデルは，次のようなパネル回帰モデルとして表現できる．

$$\boldsymbol{Y} = \boldsymbol{X}\boldsymbol{\gamma} + \boldsymbol{U}, \quad E[\boldsymbol{U}\boldsymbol{U}^\top] = \boldsymbol{\Omega} \tag{2.2}$$

$\boldsymbol{Y}: TN \times 1$ ベクトル：N 銘柄に関する T カ月のリターンデータ

$\boldsymbol{X}: TN \times K$ 行列：N 銘柄に関する T カ月分の K 個のファクター

$\boldsymbol{\gamma}: K \times 1$ ベクトル：パラメータベクトル

$\boldsymbol{U}: TN \times 1$ ベクトル：エラーベクトル

$\boldsymbol{\Omega}: TN \times TN$ 行列：エラーの共分散行列

このモデルのパラメータに関する一般化最小二乗法（GLS）推定量は，

$$\boldsymbol{\gamma}_{GLS} = (\boldsymbol{X}^\top \boldsymbol{\Omega}^{-1} \boldsymbol{X})^{-1} \boldsymbol{X}^\top \boldsymbol{\Omega}^{-1} \boldsymbol{Y} \tag{2.3}$$

となることが知られているが，推定可能となるためには $\boldsymbol{\Omega}$ に関する何らかの追加的な仮定が必要である．

たとえば，$\boldsymbol{\Omega}$ が時系列方向に無相関で，横断的に $\boldsymbol{\Omega}_t$（$N \times N$ 行列）であるとすれば，

$$\boldsymbol{\gamma}_{GLS} = \left[\begin{pmatrix} \boldsymbol{X}_1 \\ \vdots \\ \boldsymbol{X}_T \end{pmatrix}^\top \begin{pmatrix} \boldsymbol{\Omega}_1 & & 0 \\ & \ddots & \\ 0 & & \boldsymbol{\Omega}_T \end{pmatrix}^{-1} \begin{pmatrix} \boldsymbol{X}_1 \\ \vdots \\ \boldsymbol{X}_T \end{pmatrix} \right]^{-1}$$

$$\begin{pmatrix} \boldsymbol{X}_1 \\ \vdots \\ \boldsymbol{X}_T \end{pmatrix}^\top \begin{pmatrix} \boldsymbol{\Omega}_1 & & 0 \\ & \ddots & \\ 0 & & \boldsymbol{\Omega}_T \end{pmatrix}^{-1} \begin{pmatrix} \boldsymbol{Y}_1 \\ \vdots \\ \boldsymbol{Y}_T \end{pmatrix}$$

$$= \left(\sum_{t=1}^{T} \boldsymbol{X}_t^\top \boldsymbol{\Omega}_t^{-1} \boldsymbol{X}_t\right)^{-1} \left(\sum_{t=1}^{T} \boldsymbol{X}_t^\top \boldsymbol{\Omega}_t^{-1} \boldsymbol{Y}_t\right)$$

と表現できる．ただし，このモデルを実際に推定しようとする場合には，$\boldsymbol{\Omega}_t$ の時系列構造を具体的に与える必要がある．分散共分散行列の時系列構造が GARCH プロセスに従う場合については Engle (2009) の DCC (dynamic conditional correlation model) などが参考になる．また経済状態に応じて決まる複数の回帰モデルが確率的にスイッチするレジームスイッチングモデルについては Gu (2005) や Odejar and McNulty (2001) が参考になる．

一方，$\boldsymbol{\Omega}_t = \boldsymbol{\Omega}$ のとおり時系列方向には共通であるとすれば，非対角成分の共分散に関して単純な構造を仮定する（たとえば，非対角要素の相関係数は一定，または業種ごとに一定など）ことで GLS 推定が可能となる．さらに，$\boldsymbol{\Omega}$ が横断的に無相関（非対角成分の相関係数が 0）とすれば，通常のクロスセクション回帰モデル（OLS 推定）となる．

2.1.4　APT モデルの具体例：Fama–French モデル
a.　概　　要

Fama and French (1993) で示されたモデル（以下，Fama–French モデル）は次のような 3 ファクターモデルである．

$$R_i = r_f + \beta_i^{MKT}(MKT - r_f) + \beta_i^{HML}HML + \beta_i^{SMB}SMB + \epsilon_i \tag{2.4}$$

ここで，R_i は i 証券の収益率，r_f は無リスク資産収益率，β_i^j は i 銘柄の j ファクターに関する感応度，MKT は市場ファクター（株式市場の平均的リターン），HML は割安/成長ファクター，SMB は規模ファクター，ϵ_i は i 銘柄の誤差である．

ここで，「割安/成長ファクター」とは，株主資本を BE，株式時価総額を ME とするとき，BE/ME として計算される株主資本株価比率に基づいて作成した分位ポートフォリオの，最高位と最低位のポートフォリオの横断的平均収益率格差として得られるスプレッドリターンである．BE/ME が大きい銘柄は，分子の株主資本に対して分母の時価総額が相対的に小さい銘柄であることから，

通常,「割安株」であるとみなされ,逆に BE/ME の低い銘柄銘柄は株主資本に対して株価が相対的に高い銘柄であることから,将来の成長が期待されている「成長株」とみなされる.BE/ME の高いほうから低いほうを引くので,high minus low の意味で HML ファクターとも呼ばれている.

一方,「規模ファクター」とは,時価総額を指標として作成した分位ポートフォリオの平均収益率から計算されるスプレッドリターンであるが,時価総額の小さい(小型株)ポートフォリオの平均収益率から時価総額の大きい(大型株)ポートフォリオの平均収益率を差し引いて求められる.small minus big の意味で SMB ファクターとも呼ばれている.

HML ファクターと SMB ファクターがどのようなリスクに対するプレミアムであるかについてはいろいろな指摘がある.SMB は経験的にプラスの値として観測される傾向があるが,これは,大型株に比べて小型株は倒産リスクが高く流動性が低い傾向が強いことに対してプレミアムが要求された結果と説明できる.

一方 HML については,経験的にプラスのプレミアムが期待できることが知られている.すなわち,HML は割安株と成長株のリターン格差を表していることから,経験的には割安株のほうが成長株よりもパフォーマンスがよかったということである.米国でも同様の傾向であるが,とくに日本ではその格差は大きく,割安株が圧倒的に成長株を上回るパフォーマンスを示してきた.その理由は,割安株のほうがリスクが大きいのでプレミアムがより厚く上乗せされているからと考えられていたが,Lakonishok et al. (1994) は,IT 株などの成長株に対して実力よりも過剰な成長を期待するため,結果的に成長率を含めた要求資本コストが小さくなり,いわゆる成長株の株価が割高になってしまうことが原因であると指摘した.つまり,投資家の過剰反応が原因で,リスクプレミアムが理由ではないという指摘である.

b. 推定方法

Fama–French モデルを推定するためには,HML と SMB の2つのファクターを計算しなければならないが,Fama and French (1993) では次のような手順に従っている.

- t 年の6月に NYSE の株式を時価総額(ME)基準でランキングし,その

中央値で，NYSE, Amex, （1972年以降の）NASDAQ株式のすべてを大型株（Big）と小型株（Small）の2つに分割し，それぞれBとSとする．
- 次に，BとSのそれぞれのグループについて，NYSEにおける純資産時価総額比率（BE/ME）ランキングの下位30%（Low），中位40%（Medium），上位30%（High）の値で分割し，それぞれL, M, Hとする．このときのBEは，バランスシートの株主純資産に，繰り延べ税金資産，投資税金控除を加え，優先株簿価を差し引いて用いる．また負のBE値の企業や，ADRやREITは除外している[*3]．こうして，MEで2分割，BE/MEで3分割してできた6つのグループをそれぞれB/L, B/M, B/H, S/L, S/M, S/Hとする（図2.1）．
- 6つのグループについて，時価総額加重ポートフォリオの収益率をt年7月〜$t+1$年6月までの1年間について計算し，再び$t+1$年6月末のデータで6つのグループを求め，時価総額加重ポートフォリオの収益率を計算するという手順を繰り返す．
- SMBファクターは，S/L, S/M, S/Hポートフォリオの平均収益率から，B/L, B/M, B/Hポートフォリオの平均収益率を差し引いて，HMLファクターはB/HとS/Hポートフォリオの平均収益率からB/LとS/Lの平均収益率を差し引いて求める．式で書けば次のとおりである．

株主資本株価比率（BE/ME）

		Low	Middle	High
時価総額（ME）	Big	B/L	B/M	B/H
	Small	S/L	S/M	S/H

図 2.1　Fama–Frenchモデルのグルーピング

[*3] MEよりBE/MEを細かく分けた理由は，Fama and French (1992)においてBE/MEの重要性がより強く支持されたからである．

$$SMB = \frac{(R_{S/L} + R_{S/M} + R_{S/H}) - (R_{B/L} + R_{B/M} + R_{B/H})}{3} \tag{2.5}$$

$$HML = \frac{(R_{B/H} + R_{S/H}) - (R_{B/L} + R_{S/L})}{2} \tag{2.6}$$

Fama and French (1993) の方法をできるだけ忠実にわが国市場に適応した事例報告として久保田・竹原（2007）がある．同論文によればわが国は米国よりも SMB ファクターが不安定であること，証券会社が提供するスタイルインデックス[*4)]で代用した疑似 HML, SMB ファクターを用いるとリスク/リターン特性が異なってしまうため標準的な方法に従って計測することが重要であること，などを指摘している[*5)]．

2.2　APT の実証分析例

2.2.1　Fama–French モデルの 3 ファクターの計算

Fama and French (1993) の方法をわが国に適用するにあたって，1000 銘柄を超える個別銘柄の株価および財務データを過去数十年分も用意することは簡単でないだろう．久保田・竹原（2007）の批判があるが，ここでは簡便的な方法として，証券会社が提供しているスタイルインデックスを利用する方法を紹介する．

たとえば，Russell/Nomura 日本株インデックスは野村証券が用意しているホームページから過去データも含めて一括でダウンロードできるのでこれを利用する方法を説明する．同指数は日次と月次が用意されていて，月次指数データは 1979 年 12 月から直近前月末までの市場全体およびスタイルインデックスを格納している．市場全体のパフォーマンスを表す Total Market インデックスは日本株式市場全体（全取引所および店頭の合計時価総額）の時価総額上位 98% をカバーしているが，時価総額は安定株主分を控除していること，PBR は

[*4)]　株式の規模（大型・小型）や割安/成長などの属性（=スタイル）の違いを考慮して分類した株式ポートフォリオから求められる指数をスタイルインデックスという．

[*5)]　久保田・竹原（2007）は結果に一部誤りがあったため，再推定結果を公表している．併せて参照してほしい．

含み損益を修正していることなどに注意が必要である．指数計算方法の詳細についてはウェブ上に公開されているので参照してほしい．

さて，Total Market インデックスは市場全体の平均値を表しているので，Fama–French モデルにおける MKT ファクターに対応するものとして利用できるだろう．一方，サイズ別指数は時価総額の大きい順に Large Cap と Small Cap の 2 つに分かれており，それぞれ Total Market の時価総額上位 85% と下位 15% の銘柄から構成されている．さらに Large Cap は Top Cap (50%) と Mid Cap (35%) という 2 つの系列に分けられる．これらのサイズ別指数のそれぞれについて，Growth/Value のスタイルと組み合わされた指数が用意されている．

HML および SMB を計算するために，Russell/Nomura のスタイルインデックスに以下のような名称を割り振る．
- LG：Large Cap/Growth インデックス
- LV：Large Cap/Value インデックス
- TG：Top Cap/Growth インデックス
- TV：Top Cap/Value インデックス
- MG：Mid Cap/Growth インデックス
- MV：Mid Cap/Value インデックス
- SG：Small Cap/Growth インデックス
- SV：Small Cap/Value インデックス

HML は，Top Cap, Mid Cap, Small Cap のそれぞれについては銘柄の重複がないので，

$$HML = \frac{(TV+MV+SV)-(TG+MG+SG)}{3}$$

として計算し，SMB については，Large Cap と Small Cap について銘柄の重複がないので，

$$SMB = \frac{(SG+SV)-(LG+LV)}{2}$$

として計算することとした．他の方法も考えられるがここでは比較などは行わない．

2.2.2 推定結果

前章で CAPM に関して行った実証分析結果と比較するために,同じユニバース(東証一部上場銘柄で,2001 年 1 月〜2005 年 12 月の 60 カ月について収益率が得られる 1271 銘柄)について,Fama–French モデルを推定し,切片 (α) と MKT の係数 (β) および決定係数について比較した.

α の平均値は CAPM で 1.176 だった値が 0.334 へと大幅に低下している.CAPM ではとらえきれなかったリターンの源泉が,HML と SMB ファクターを追加して吸収されたことによって切片が 0 へ接近したものと解釈できる.MKT ファクターに関する回帰係数 (β) の平均値は,CAPM で 0.957 だったが Fama–French モデルでは 1.033 へと若干増加した.また,決定係数については 0.213 が 0.305 へ改善している.参考として,β と α,および決定係数(RSQR)についてのヒストグラムを図 2.2 に示した.

続いてファクター係数の時間的安定性についても CAPM の結果と比較するために,前章で取り上げた 3 銘柄(トヨタ自動車,武田薬品工業,野村證券)について,毎月,そこに至るまでの 60 カ月間のデータにより推定した回帰係数の時系列推移を図 2.3 に示した.

比較のため,図中には同期間における CAPM で推定した β も表示した.MKT の係数は CAPM で推定した β と時折乖離する傾向があるものの,全般的には近い値で推移しているが,CAPM において指摘した β 値の時間的安定性は,ファクター数を増やした Fama–French モデルにおいて必ずしも改善されるわけではないようである.一方,SMB の係数については,今回取り上げた 3 銘柄は時価総額が比較的大きい株式であるため,いずれの銘柄においてもほぼ負の領

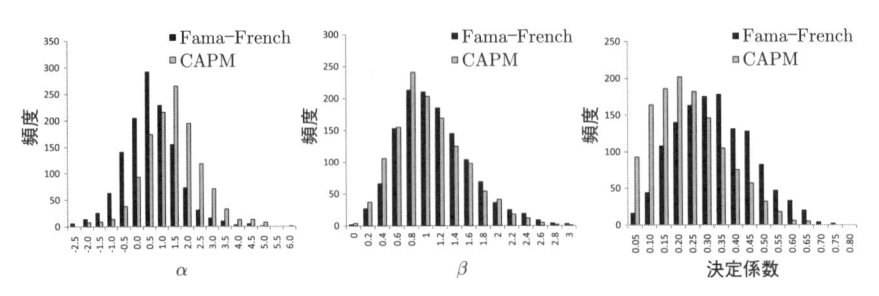

図 2.2 回帰分析結果のヒストグラム(α, β, 決定係数)

2.2 APT の実証分析例

武田薬品工業

トヨタ自動車

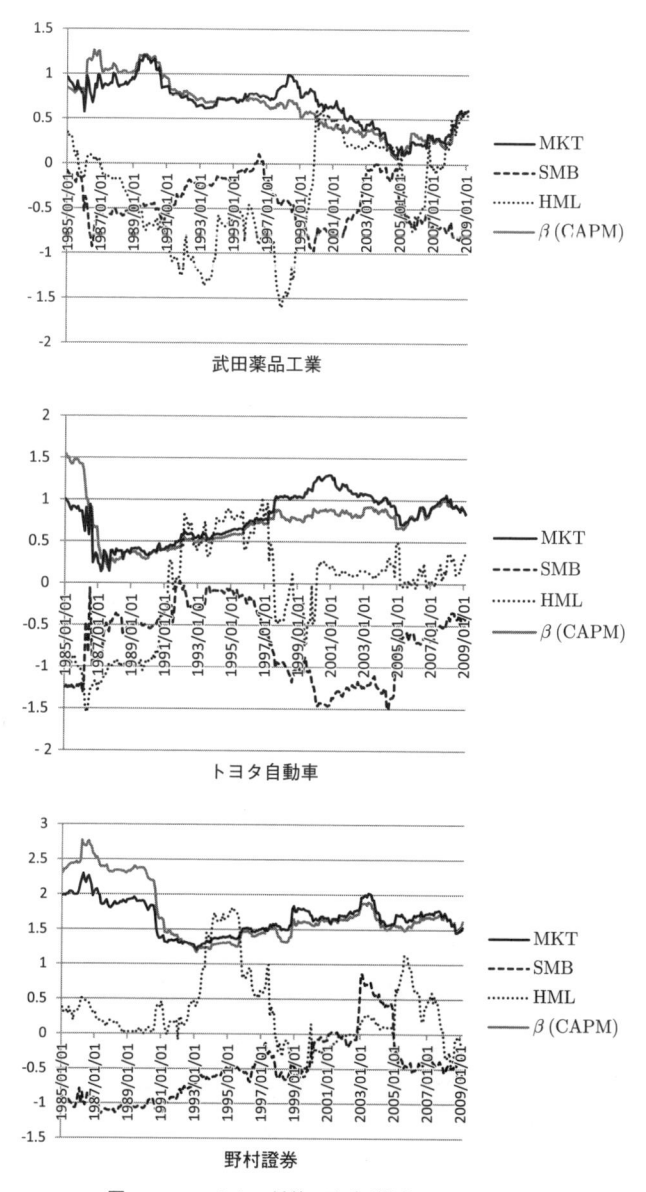

野村證券

図 2.3 ファクター係数の時系列推移

域で推移しているが，HML の係数は必ずしも正負いずれかの傾向を示しているようには見えず，非常に不安定であることが確認できる．

2.3 パフォーマンス分析への応用

投資の経済的合理性，市場の効率性や価格付け機能の検証，より具体的には有能なマネジャーとそうでないものを峻別することなどを目的に，以下に示す尺度や手続きによりパフォーマンス分析が行われる．

2.3.1 代表的パフォーマンス尺度

パフォーマンス分析は，ある評価期間におけるリターンとリスクの両方を考慮して評価する必要がある．具体的には，リターンのみならずリスクも計測し，リスク調整後のリターン指標として計測するのである．リスクをどのように測り調整するかが重要であるが，その理論的根拠として CAPM や APT が利用されている．以下にリスク調整後のパフォーマンス尺度として利用されている代表例を列挙する．

- Sharpe 尺度：

$$M_S = \frac{\bar{R}_P - r_f}{\sigma_P} \tag{2.7}$$

- Treynor 尺度：

$$M_T = \frac{\bar{R}_P - r_f}{\beta_P} \tag{2.8}$$

- Jensen 尺度（Jensen の α）[6]：

$$M_J = \bar{R}_P - r_f - \beta_i(\bar{R}_M - r_f) \tag{2.9}$$

ここで，$\bar{R}_P$ はパフォーマンス計測期間におけるポートフォリオリターンの平均値で，σ_P は標準偏差，β_P は CAPM の β 値である．また，r_f は無リスク収益率（当該期間の平均値），$\bar{R}_M$ は市場ポートフォリオの代替となる市場イン

---

[6] Jensen 尺度は CPAM の資本市場線の直接的な応用であるが，Fama–French モデルなどのマルチファクターモデルによりスタイルリスクの調整も考慮した Jensen 尺度なども利用されている．

デックスリターンの平均値である.

さらにポートフォリオのリスクを，マーケットポートフォリオと同じ水準に調整した場合の期待リターンを求め，マーケットポートフォリオの期待リターンと直接比較できるようにした尺度として Modigliani and Modigliani (1997) が提案した次の M^2 尺度がある.

- M^2 尺度：

$$M_{M^2} = \hat{R}_P - \bar{R}_M, \quad \hat{R}_P = \frac{\bar{R}_P - r_f}{\sigma_P}\sigma_M + r_f \qquad (2.10)$$

また，CAPM では完全な分散ポートフォリオを前提としているが，実際には投資資金規模やその他の制約があるために十分に分散されたポートフォリオを保有することは簡単でない．そのため，残差リスクを分散消去できないことを前提に示されたパフォーマンス測度として次の Treynor–Black 尺度が提案されている（Treynor and Black, 1973）.

- Treynor–Black 尺度：

$$M_{TB} = \frac{M_J}{\sigma_\epsilon} \qquad (2.11)$$

ここで σ_ϵ は β 推定の回帰分析における残差の標準偏差（トラッキングエラー）である．アクティブ運用はあえてマーケットポートフォリオから乖離させるリスクをとることによって市場平均 $+\alpha$ を狙うので，アクティブ運用のパフォーマンス評価にはこの Treynor–Black 尺度が適しているという意見もあるが，一般的には次のインフォメーションレシオで評価することが多い.

- インフォメーションレシオ

ポートフォリオの対ベンチマーク平均超過リターン（$\bar{R}_P - \bar{R}_M$）をベンチマークからのトラッキングエラー（$\sigma_{TR}:R_P - R_M$ の標準偏差）で基準化した尺度．Treynor–Black 尺度は市場リスク（β）を考慮して調整した単位トラッキングエラーあたりの超過リターンを表すが，インフォメーションレシオはより単純で市場リスクを調整していない．なお，計算にあたっては，超過リターンおよびトラッキングエラーを年率換算する必要がある．

$$IR = \frac{\bar{R}_P - \bar{R}_M}{\sigma_{TR}}, \quad \sigma_{TR} = \sqrt{V[R_P - R_M]}$$

問 2.1 日次データで求めた平均・標準偏差 (μ_D, σ_D) からインフォメーションレシオを計算するには，求めた平均・標準偏差を年率に換算する必要がある．収益率が IID であるときどのように変換すればよいか．

2.3.2 アトリビューション分析

上で述べたパフォーマンス尺度を計算するためには，具体的に評価基準となるベンチマークインデックスを決める必要がある．しかし，適切なインデックスを決めることは必ずしも簡単でない．

たとえば，株式投資信託の品揃えを概観すると，「バリュー」や「グロース」などの特定の運用スタイルに基づいた銘柄選択を行うものが増えている．そのようなファンドを評価するためには，ベンチマークインデックスもまたスタイルに応じて選択すべきだろう．さらに，債券や株式，外国証券などの複数の資産クラスに投資しているファンドを評価するためには，どれか 1 つの市場を代表するインデックスだけに注目するわけにはいかず，何らかの方法で投資対象である市場の指数を合成することが求められるだろう．このようなパフォーマンス評価における問題を克服するために Sharpe (1992) が示した方法は以下のようなものである．

まず，ファンドリターンが複数のファクターで説明されるようなマルチファクターモデルを想定する．

$$R_P = b_1 F_1 + b_2 F_2 + \cdots + b_n F_n + \epsilon_P$$

ここで $F_i, i = 1, \ldots, n$ はリスクファクターで，ϵ_P はリスクファクターに関係ない残差リターンを表す．APT などの価格理論モデルが示唆することは，証券投資で得られるリターンは何らかのリスクを負担したことの対価として得られるものなので，高度に分散した場合に消去可能な残差リスクをとっても超過リターンに貢献しない，ということであった．よって，通常であれば残差の期待値 $E[\epsilon_P] = 0$ となるが，逆にそれが有意にプラスの値になるのであれば，それはファンドマネジャーの高い能力がもたらした結果として積極的に評価してよいと考えるのである．このモデルを活用するためには，いかにしてリスクファクター F_i とその感応度 b_i を決定するかにかかってくるが，Sharpe (1992) で

は，F_i は投資対象になり得る代表的市場のインデックスリターンとして用い，係数 b_i の合計が1になるという制約条件の下で，残差リスクを最小とするような2次計画問題を解くことによって，ファンドリターンを複数のインデックスリターンに効率的に分解する方法を提案した．

$$\min_{b_i, i=1,\ldots,n} \sum_{t=1}^{T} \{R_{P,t} - (b_1 F_{1,t} + b_2 F_{2,t} + \cdots + b_n F_{n,t})\}^2 \quad (2.12)$$

$$\text{subject to} \quad \sum_{i=1}^{n} b_i = 1, \quad b_i \geq 0;\ i = 1,\ldots,n \quad (2.13)$$

すなわち，分析対象ファンドは各市場ごとのインデックスファンドを適当に組み合わせたものとみなした上で，パフォーマンス評価期間における平均的なインデックスウェイトは残差リスクが最小となるように2次計画法で決定しようとするものである．ファンドパフォーマンスの要因分解をアトリビューション分析などというが，これもその一種である．

2.3.3 投資信託のパフォーマンス評価の事例

パフォーマンス評価の方法は具体的な事例を通して確認しよう．そのために実際のデータを入手する必要があるが，たとえば投資信託会社のウェブサイトなどで具体的な商品を選ぶと，過去の基準価格データをダウンロードできるサービスを提供しているところもある．ここでは，ある投資信託会社の投資信託の基準価格データを参考に作成した仮想的なデータによる分析結果を章末問題として扱っている．

分析対象としたファンドは以下の2つである．
- グロースA：成長力を有する企業を選別して投資
- グロースB：サービス企業の中から成長性の高い企業を選別投資

また，分析のために利用した市場インデックスデータおよび無リスク金利データは以下の2つであり，いずれもインターネット経由でダウンロード可能なものである．
- 株式市場インデックスデータ：Russell/Nomura インデックス
- 短期金利データ：コールレート（日銀）

a. データの整理

投資信託の基準価格は日次の日付で公開されている場合が多いので，分析を月次で行うためにはデータを月末値でそろえる必要がある．日次データを月末日付にそろえる方法は1つではないが，Excel の月末日付を与える関数 EOMONTH(X,Y) や，VLOOKUP(A,B,C,D) を利用する方法がある．

- EOMONTH(X,Y)：
  X には日次の日付を，Y には 0 を指定すると，X を含む日の月末日付を返す．すべての日付の月末日付を求めるとその月末日付が変化するレコードが月末と翌月の月初の変わり目にあたるので，その部分を抜き出すようにすればよい．

- VLOOKUP(A,B,C,D)：
  最初に月末日付データを用意する．月末日付データを作成する方法は，最初の 2, 3 カ月分の月末日付を手入力して，オートコンプリート機能を使いながらコピーすればよい（図 2.4）．月末日付の1つを A に指定し，B には日次日付を一番左端に含むように基準価格データ全体を指定（コピーしてもずれないように「F4」キーを押して絶対アドレスに変換），C には基準価格データ全体から取り出したい列番号を指定，D には 1 を入力すれば，月末日付 A と，参照データ B の左端の日次日付が完全に一致しなくても，A を超えない直近日付の値を参照するため，月末に最も近い営業日レコード

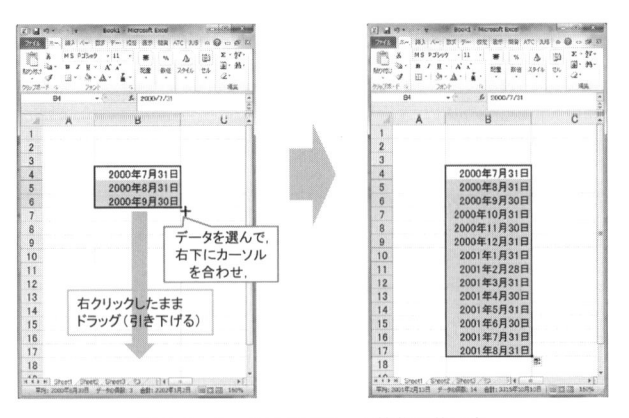

図 2.4　オートコンプリート機能の使い方

からCで指定した列番号のデータをとってくる（Dに0を指定した場合は完全一致する場合のみデータをとってくる）.

b. 収益率の計算

評価期間における月末のファンドの基準価格が得られたら，そのリターンを計算しR_Pとする．評価の基準となる市場インデックスリターンも求めR_Mとしておく．無リスクリターンは，無担保コールレート1カ月の月末値を用いるが，それは計測基準日から1カ月間の金利として表示されているので，ファンドおよび市場インデックスのリターンとタイミングを一致させるために1カ月のラグをとる必要がある．さらに，コールレートは金利として表示されているため，1カ月のリターンにするために1/12倍しなければならない．

こうして用意したファンドリターン，市場インデックスリターンおよび無リスクリターンにより，毎月のファンドおよび市場インデックスの超過リターンを求め，あとは（2.7）〜（2.11）式に従って計算すればよい．

具体的な計算は章末問題とした上で，回答例はExcelファイルとしてダウンロードできるようにしたので参照してほしい．

章　末　問　題

問題 2.1 ファンドの基準価格データを月末日付でそろえて，月次収益率を計算せよ．また，初期時点のファンド価格を1として，累積リターンを求めグラフに表せ．

問題 2.2 Russell/Nomuraインデックス（市場平均）に対するファンドのトラッキングエラーを求め，インフォメーションレシオを計算せよ．また，累積トラッキングエラーのグラフを示せ．

問題 2.3 Sharpe, Trayner, Jensen尺度およびTreynor–Black尺度を求めよ．必要ならExcelの「データ分析」に用意されている「回帰分析」を利用せよ．
〈ヒント〉 回帰分析は「データ分析」の「回帰分析」で実行できるが，これを利用するためには事前にExcelのアドイン登録をしておく必要がある．登録の方法は付録Aに示したので参照してほしい．Excelの「回帰分析」を実行すると各種

統計量が得られるが，β値は回帰係数として，残差の標準偏差（Treynor–Black尺度で利用）は「回帰統計」の中の「標準誤差」として得られる．

問題 2.4 Russell/Nomura インデックスの適当なインデックスを利用して Sharpe (1992) の方法に従うアトリビューション分析を行い，スタイル調整後のトラッキングエラーを求め，インフォメーションレシオを計算せよ．

問題 2.5 以上の分析結果を総合的に評価し，どちらの投資信託が優れているか判断せよ．また，それぞれのファンドの収益の源泉や，運用者の能力について気づいたことを述べよ．

3

株式のクロスセクション回帰モデル

　第1章と第2章では，主に株式に注目して，リスク証券の価格付けに関する理論モデルを扱ってきた．本章では，必ずしも理論的なプライシングモデルに限定せず，実際の取引価格がどのような要因によって決まっていたかを統計的手法で調べ，その結果を将来の投資へ活用するための具体的な方法を紹介する．

3.1　プライシングモデルの限界とアクティブ運用

3.1.1　オーバーリアクションとミスプライス

　まず，CAPMが成立していることを仮定して個別証券の収益率について考えてみよう．個別銘柄の期待収益率は証券市場線によれば，

$$E[R_i] = r_f + \beta_i(E[R_M] - r_f)$$

のとおり予想できるが，実現する収益率は必ずしもこの期待値に一致せず，誤差を伴うものである．

$$R_i = r_f + \beta_i(R_M - r_f) + \epsilon_i$$

CAPMにおいては，誤差 ϵ_i は分散消去可能な個別リスクなので，そのリスクをとったところでプレミアムは期待できないとされている．

　しかし，第1章でも指摘したとおり，実際の市場でCAPMが成立しないことを支持する研究報告は多い．なかでも，DeBondt and Thaler (1985) や Bernard and Thomas (1990) などで指摘されたオーバーリアクション効果，すなわち，相対的に値上がりが顕著な銘柄はその後大きく値を下げる可能性が高い（逆も

また成り立つ），という効果に注目して以下の議論を行いたい．

オーバーリアクションが CAPM からの一時的な乖離が修正されることで生じると解釈するのか，そもそも CAPM では説明不可能な現象と考えるかによって，対処や応用の方策が異なるものになる．

前者は，CAPM が緩やかに成立しているとみなして投資家が CAPM の理論価格から一定程度乖離することを許容しつつ，乖離幅が大きくなると時間をかけながら正しい株価水準に戻る（ミスプライスが修正される）と考える立場である．

一方，後者は市場でオーバーリアクションが観察される理由は，投資家のミスプライスではなく，そもそも CAPM が実際の市場を十分に表現できないことに原因があると考える立場といえよう．具体的には，CAPM では把握できない何らかの重要なリスクファクターが欠落していること，β 値が経時的に安定していないこと，より根本的に投資家の非合理性や市場制度の問題など，あらゆる可能性が考えられる．ただし，根本的な問題としてあきらめるのではなく，オーバーリアクションを説明できるような新しいファクターを追加することで CAPM を改良する試みが検討されるべきであろう．実際に，Fama–French の 3 ファクターモデルにオーバーリアクションファクターを追加した Carhart (1997)，さらに，流動性リスクファクターを追加した Pastor and Stambaugh (2003) などが代表的な事例といえるだろう．ただし，ファクターを追加してモデルの説明力が高まったとしても，そのファクターが規範的なプライシングモデルにおけるリスクファクターとして機能しているか（リスクプレミアムを説明しているか）否かについては，別途検証が必要である．

次項以降では，オーバーリアクションが投資家のミスプライスに起因して発生するという立場に立って，その情報を投資に役立てるための方法を示すが，わが国におけるオーバーリアクション現象はミスプライスに原因がある，と主張しているわけではないことに注意してほしい．

3.1.2 オーバーリアクションファクター

ユニバースに含まれる第 i 証券について，ある基準月 t を固定して，当該月に至るまでの過去 60 カ月（$[t-59, t]$）の月次データを使って，2.2 節で紹介し

朝倉書店〈経営・数理・経済工学関連書〉ご案内

金融工学ハンドブック
木島正明監訳
A5判 1032頁 定価29400円（本体28000円）（29010-3）

各テーマにおける世界的第一線の研究者が専門家向けに書き下ろしたハンドブック。デリバティブ証券，金利と信用リスクとデリバティブ，非完備市場，リスク管理，ポートフォリオ最適化，の4部構成から成る。〔内容〕金融資産価格付けの基礎／金融証券収益率のモデル化／ボラティリティ／デリバティブの価格付けにおける変分法／クレジットデリバティブの評価／非完備市場／オプション価格付け／モンテカルロシミュレーションを用いた全リスク最小化／保険分野への適用／他

サプライチェーンハンドブック
黒田 充・大野勝久監訳
A5判 736頁 定価25200円（本体24000円）（27013-6）

〔内容〕序章／設計と計画—戦略的モデルと戦術的モデルに対する最適化技法の応用／設計：安全在庫配置とサプライチェーン構成／設計：柔軟な考察／延期の設計／契約によるサプライチェーンの調整／情報共有とサプライチェーンの協調／サプライチェーンマネジメントにおける戦術的計画モデル／計画階層性，モデリングおよび先進的計画システム／運用：直列および分配在庫システム／運用：受注組立生産システム／運用計画：計画概念の定義と比較／輸送運用のダイナミックモデル

統計ライブラリー 共分散構造分析［実践編］—構造方程式モデリング—
豊田秀樹編著
A5判 304頁 定価4725円（本体4500円）（12699-0）

実践編では，実際に共分散構造分析を用いたデータ解析に携わる読者に向けて，最新・有用・実行可能な実践的技術を全21章で紹介する。プログラム付。〔内容〕マルチレベルモデル／アイテムパーセリング／探索的SEM／メタ分析／他

経営システム工学ライブラリー1 オペレーションズ・マネジメントの基礎—現代の経営工学—
圓川隆夫著
A5判 196頁 定価3150円（本体3000円）（27531-5）

効果的・効率的な生産システムの実現を目指すオペレーションズ・マネジメントの全体像を平易に解説するテキスト。〔内容〕概論／発展史／営業循環サイクル／品質管理／コスト管理／生産管理／在庫管理／SCM／新製品開発管理／TOC／他

サプライチェーンマネジメント入門—QCDE戦略と手法—
曹 徳弼・中島健一・竹田 賢・田中正敏著
A5判 208頁 定価2940円（本体2800円）（27016-7）

サプライチェーンマネジメント（SCM）を体系的にまとめ，ケーススタディを豊富に収録したテキスト。〔内容〕SCM／最適マネジメント／ポストポーメント戦略／需要予測／調達マネジメント／CSR／循環型社会／環境マネジメント他

シリーズ〈オペレーションズ・リサーチ〉1 戦略的意思決定手法AHP
木下栄蔵・大屋隆生著
A5判 144頁 定価2835円（本体2700円）（27551-3）

様々な場面で下される階層下意思決定について，例題を中心にやさしくまとめた教科書。〔内容〕パラダイムとしてのAHP／AHP／外部従属法／新しいAHPの動向／支配型AHPと一斉法／集団AHP／AHPにおける一対比較行列の解釈

シリーズ〈オペレーションズ・リサーチ〉2 データマイニングとその応用
加藤直樹・羽室行信・矢田勝俊著
A5判 208頁 定価3675円（本体3500円）（27552-0）

データベースからの知識発見手法を文系の学生も理解できるよう数式を最小限にとどめた形で適用事例まで含め平易にまとめた教科書。〔内容〕相関ルール／数値相関ルール／分類モデル／決定木／数値予測モデル／クラスタリング／応用事例／他

シリーズ〈オペレーションズ・リサーチ〉3 離散凸解析とゲーム理論
田村明久著
A5判 192頁 定価3570円（本体3400円）（27553-7）

離散凸解析を用いて，安定結婚モデルや割当モデルを一般化した解法につき紹介した教科書。〔内容〕離散凸解析概論／組合せモデルとその拡張／安定結婚モデルとその拡張／割当モデルと安定結婚モデルの統一モデル／他

シリーズ〈ビジネスの数理〉
筑波大学ビジネス科学研究科監修。ビジネスの羅針盤となる数理的方法を探求

1. ビジネス数理への誘い
筑波大学ビジネス科学研究科編
A5判 160頁 定価3045円(本体2900円)(29561-0)

ビジネスのための数理的方法を俯瞰する入門編。〔内容〕ビジネス科学・技術／数理的方法の機能／モデルアプローチ／マネジメントプロセスモデル／モデルアプローチの成功と失敗／ビジネス現象のモデル化／デザイン技術としての数理的方法他

2. チャンスとリスクのマネジメント
大澤幸生・徐 駿・山田雄二編著
A5判 216頁 定価3675円(本体3500円)(29562-7)

人はなぜダイスを振るのか―ビジネスの現場で表裏一体となるチャンスとリスクの利用・管理技術の全貌を提示。〔内容〕チャンスマネジメントのプロセス／チャンス発見のためのデータ可視化技術／リスクマネジメント／リスク特定の方法／他

3. ビジネスへの確率モデルアプローチ
牧本直樹著
A5判 176頁 定価3150円(本体3000円)(29563-4)

確率モデルを用いて多様なビジネス現象の分析技術からシミュレーションまで解説。演習問題付。〔内容〕確率計算の基礎／離散的分布／連続的分布／多変量分布／データと分布／モーメント公式／確率モデル分析技術／シミュレーション分析／他

4. ビジネスへの統計モデルアプローチ
椿 広計著
A5判 144頁 定価3150円(本体3000円)(29564-1)

複雑かつ大規模なビジネス現象の分析に必要な統計モデルの構築の手法を解説。〔内容〕データとプロファイリング／統計モデルの要素／統計モデルのプランニング／統計的構造モデリング／一般化線形モデル(GLIM)／測定モデルのデザイン／他

5. 金融・会計のビジネス数理
牧本直樹編著
A5判 184頁 定価3045円(本体2900円)(29565-8)

金融・会計分野での数理分析の具体的手法を詳述。各章末に文献案内《お薦めの3冊》を付した。〔内容〕年金資産運用管理と意思決定／事業計画策定における「予測市場」の活用／市場の効率性と投資家行動／個人向け10年変動利付き国債／他

6. 計算で学ぶファイナンス ―MATLABによる実装―
山田雄二・牧本直樹著
A5判 180頁 定価3150円(本体3000円)(29566-5)

数値計算ソフトウェアを利用しながらファイナンス理論の理解とその実装のノウハウ習得を目指す〔内容〕二項モデルでのオプション価格付け／連続時間モデルとブラック-ショールズ方程式／アメリカンオプション／リアルオプション解析／他

7. マーケティング・経営戦略の数理
西尾チヅル・桑嶋健一・猿渡康文編著
A5判 216頁 定価3780円(本体3600円)(29567-2)

マーケティングマネジメント，マーケティングサイエンス，経営組織・戦略，技術経営(MOT)の4部に分けて多様な応用事例を解説。〔内容〕消費者のエコロジー行動の構造／スイッチング・コストと顧客の離脱行動／地方銀行の効率性測定／他

応用最適化シリーズ1 線形計画法
並木 誠著
A5判 200頁 定価3570円(本体3400円)(11786-8)

工学，経済，金融，経営学など幅広い分野で用いられている線形計画法の入門的教科書。例，アルゴリズムなどを豊富に用いながら実践的に学べるよう工夫された構成。〔内容〕線形計画問題／双対理論／シンプレックス法／内点法／線形相補性問題

応用最適化シリーズ2 ネットワーク設計問題
片山直登訳
A5判 216頁 定価3780円(本体3600円)(11787-5)

通信・輸送・交通システムなどの効率化を図るための数学的モデル分析の手法を詳述。〔内容〕ネットワーク問題／予算制約をもつ設計問題／固定費用をもつ設計問題／容量制約をもつ最小木問題／容量制約をもつ設計問題／利用者均衡設計問題／他

応用最適化シリーズ3 応用に役立つ50の最適化問題
藤澤克樹・梅谷俊治著
A5判 184頁 定価3360円(本体3200円)(11788-2)

数理計画・組合せ最適化理論が応用分野でどのように使われているかについて，問題を集めて解説した書。〔内容〕整数計画問題／非線形計画問題／半正定値計画問題／集合被覆問題／勤務スケジューリング問題／切出し・詰込み問題

応用ファイナンス講座
金融工学の「応用への進展」と「既存学問との融合」

1. 年金とファイナンス
浅野幸弘・岩本純一・矢野 学著
A5判 228頁 定価3990円（本体3800円）（29586-3）

公的年金の基本的知識から仕組みおよび運用までわかりやすく詳説。〔内容〕わが国の年金制度／企業年金の選択／企業財務と年金資産運用／年金会計／年金財務と企業評価／積立不足と年金ALM／物価連動国債と年金ALM／公的年金運用／他

2. 応用経済学のための 時系列分析
市川博也著
A5判 184頁 定価3675円（本体3500円）（29587-0）

時系列分析の基礎からファイナンスのための時系列分析を平易に解説。〔内容〕マクロ経済変数と時系列分析／分布ラグモデルの最適次数の決定／統計学の基礎概念と単位根テスト／定常な時系列変数と長期乗数／ボラティリティ変動モデル／他

3. 資産運用の理論と実践
菅原周一著
A5判 228頁 定価3675円（本体3500円）（29588-7）

資産運用に関する基礎理論から実践まで、実証分析の結果を掲げながら大学生および実務家向けにわかり易く解説。〔内容〕資産運用理論の誕生と発展の歴史／株式運用と基礎理論と実践への応用／債券運用の基礎と実践への応用／最適資産配分戦略

4. 不動産市場の計量経済分析
清水千弘・唐渡広志著
A5判 192頁 定価4095円（本体3900円）（29589-4）

客観的な数量データを用いて経済理論を基にした統計分析の方法をまとめた書。〔内容〕不動産市場の計量分析／ヘドニックアプローチ／推定の基本と応用／空間計量経済学の基礎／住宅価格関数の推定／住宅価格指数の推定／用途別賃料関数の推定

5. オプション市場分析への招待
宮﨑浩一著
A5判 224頁 定価4095円（本体3900円）（29590-0）

重要なモデルを取り上げ、各モデルや数理的な分析手法の勘所をわかりやすく解説。〔内容〕BSモデルと拡張／デタミニスティックボラティリティモデル／ジャンプ拡張モデル／確率ボラティリティモデル／インプライド確率分布の実証分析／他

6. 信用リスク
森平爽一郎著
A5判 224頁 定価3780円（本体3600円）（29591-7）

住宅・銀行等のローンに関するBIS規制に対応し、信用リスクの測定と管理を詳説。〔内容〕債権の評価／実績デフォルト率／デフォルト確率の推定／デフォルト確率の期間構造推定／デフォルト時損失率、回収率／デフォルト相関／損失分布推定

シリーズ〈金融工学の新潮流〉1　資産の価格付けと測度変換
木島正明・田中敬一著
A5判 216頁 定価3990円（本体3800円）（29601-3）

金融工学において最も重要な価格付けの理論を測度変換という切口から詳細に解説。〔内容〕価格付け理論の概要／正の確率変数による測度変換／正の確率過程による測度変換／測度変換の価格付けへの応用／基準財と価格付け測度／金利モデル

シリーズ〈金融工学の新潮流〉3　信用リスク計測とCDOの価格付け
室町幸雄著
A5判 224頁 定価3990円（本体3800円）（29603-7）

デフォルトの関連性における原因・影響度・波及効果に関するモデルの詳細を整理し解説。〔内容〕デフォルト相関のモデル化／リスク尺度とリスク寄与度／極限損失分布と新BIS規制／ハイブリッド法／信用・市場リスク総合評価モデル／他

シリーズ〈金融工学の新潮流〉4　リアルオプションと投資戦略
木島正明・中岡英隆・芝田隆志著
A5判 192頁 定価3780円（本体3600円）（29604-4）

最新の金融理論を踏まえ、経営戦略や投資の意思決定を行えることを意図した、実務家向けにまとめた入門書。〔内容〕企業経営とリアルオプション／基本モデルの拡張／撤退・停止・再開オプションの評価／ゲーム論的リアルオプション／適用事例

EViewsによる計量経済分析入門
縄田和満著
A5判 264頁 定価3465円(本体3300円)(12175-9)

EViewsでの演習を通じて計量経済分析を基礎から習得。〔内容〕EViews入門／回帰・重回帰分析／系列相関，不均一分散／同時方程式／ARIMA／単位根と共和分／ARCH, GARCH／プロビット，ロジット，トービットモデル

定量的信用リスク評価とその応用
ジャフィー・ジャーナル：金融工学と市場計量分析
津田博史・中妻照雄・山田雄二編
A5判 240頁 定価3990円(本体3800円)(29013-4)

〔内容〕スコアリングモデルのチューニング／格付予測評価指標と重み付き最適化／小企業向けスコアリングモデルにおける業歴の有効性／中小企業CLOのデフォルト依存関係／信用リスクのデルタヘッジ／我が国におけるブル・ベア市場の区別

需給マネジメント —ポストERP/SCMに向けて—
松井正之・藤川裕晃・石井信明著
A5判 180頁 定価3045円(本体2900円)(27017-4)

どのように需給管理をすれば製造と販売のミスマッチを無くせるかにつき説き明かす教科書。〔内容〕予測と販売操業計画／需給管理と戦略マップ／需給管理とERP／需給協働と需給管理，需給管理とSCM／オンデマンド在庫管理システム／他

シリーズ〈統計科学のプラクティス〉1 Rによる統計データ分析入門
小暮厚之著
A5判 180頁 定価3045円(本体2900円)(12811-6)

データ科学に必要な確率と統計の基本的な考え方をRを用いながら学ぶ教科書。〔内容〕データ／2変数のデータ／確率／確率変数と確率分布／確率分布モデル／ランダムサンプリング／仮説検定／回帰分析／重回帰分析／ロジット回帰モデル

シリーズ〈統計科学のプラクティス〉2 Rによるベイズ統計分析
照井伸彦著
A5判 180頁 定価3045円(本体2900円)(12812-3)

事前情報を構造化しながら積極的にモデルへ組み入れる階層ベイズモデルまでを平易に解説〔内容〕確率とベイズの定理／尤度関数／事前分布，事後分布／統計モデルとベイズ推測／確率モデルのベイズ推測／事後分布の評価／線形回帰モデル／他

シリーズ〈統計科学のプラクティス〉3 マーケティングの統計分析
照井伸彦他著
A5判 200頁 定価3360円(本体3200円)(12813-0)

実際に使われる統計モデルを包括的に紹介，かつRによる分析例を掲げた教科書。〔内容〕マネジメントと意思決定モデル／市場機会と市場の分析／競争ポジショニング戦略／基本マーケティング戦略／消費者行動モデル／製品の採用と普及／他

シリーズ〈現代の品質管理〉1 現代品質管理総論
飯塚悦功著
A5判 228頁 定価3150円(本体3000円)(27566-7)

現代における価値提供の思想的基盤・方法論をなす品質管理論の全貌を簡潔に描き出す。〔内容〕品質管理の全体像／品質管理の基本的な考え方／品質のための管理システム／品質保証／品質保証機能／問題解決／品質管理の運用／今後の品質管理

シリーズ〈現代の品質管理〉2 統計的品質管理
永田靖著
A5判 212頁 定価3360円(本体3200円)(27567-4)

SQCの深い理解と知識の整理のために手法間の関連を重視した新視点の手引書〔内容〕確率分布（工程能力指数と不良率の関係他）検定・推定（最小2乗法他）実験計画法（実験データのグラフの作り方と見方他）多変量解析法（線形代数入門他）

シリーズ〈現代の品質管理〉3 統計的工程管理
仁科健著
A5判 160頁 定価2730円(本体2600円)(27568-1)

伝統的な品質管理手法を実践という視点から見直し，管理図や工程能力を中心に解説。〔内容〕品質のつくり込みと製造品質／シューハート管理図による工程の安定化／連続するデータからなる統計量を用いた管理図／工程能力の計算と活用／他

ISBNは978-4-254-を省略　　　　　　　　　　　　（表示価格は2010年8月現在）

朝倉書店　〒162-8707 東京都新宿区新小川町6-29
電話 直通(03) 3260-7631　FAX (03) 3260-0180
http://www.asakura.co.jp　eigyo@asakura.co.jp

た Fama–French の 3 ファクターモデルを推定し，$t+1$ における i 証券の個別銘柄の残差リターン（$\epsilon_{i,t+1}$）を次式で求める．

$$\epsilon_{i,t+1} = (R_{i,t+1} - r_f) - \Big\{ \hat{\beta}_i^{MKT}(MKT_{t+1} - r_f) \\ + \hat{\beta}_i^{HML}HML_{t+1} + \hat{\beta}_i^{SMB}SMB_{t+1} \Big\} \tag{3.1}$$

この $\epsilon_{i,t+1}$ は $t+1$ における Fama–French モデルからのミスプライスを表していることになる．つまり，$\epsilon_{i,t+1}$ が相対的に大きいということは，プライシングモデルから求められる合理的なリスクプレミアムよりも大きいリターンが実現したことになるので，その結果，当該株式は割高になった可能性が高く，逆に $\epsilon_{i,t+1}$ が相対的に小さい銘柄は割安になった可能性が高いと判断できるだろう．そこで，$\epsilon_{i,t+1}$ について投資対象銘柄を昇順にソートして作成した分位ポートフォリオの将来パフォーマンスを比較して，上位と下位の分位ポートフォリオリターンに顕著な差が認められれば，理論モデルのミスプライスが是正される過程をとらえたものと判断できるだろう．

ただし，こうしたミスプライスが発生/修正されるまでに必要な期間が，分析データのサンプリング期間である 1 カ月に一致するとは限らないので，個別銘柄ごとに求めた $\epsilon_{i,t}$ を t に至るまでの 3，6，12 カ月の期間累計した累積残差についても調べる．これら残差ファクターに将来リターンの予測力が備わっているかを調べるために，次項ではバックテストの方法について説明する．

3.1.3 バックテスト

a. 分析方法

分析データのユニバースは東証一部上場銘柄（1985 年 1 月～2008 年 12 月）とする．ただし時系列データの回帰分析でモデルを推定するため，上場して 3 年以上経過した銘柄が対象となる（1985 年 1 月で 961 銘柄，2008 年 12 月で 1621 銘柄）．

分位ポートフォリオを作成するにあたっては，オーバーリアクション効果を純粋に評価したいので，業種の偏りから生じる可能性のある効果を除去するために，東証 33 業種分類に従って各業種ごとに行うこととした．すなわち，すべての銘柄は各業種ごとに前月の残差ファクターで昇順にソートして，そのラ

ンキングに従い10分位（ファクター値が小さいほうから第1, 第2, ...）に分割した[*1]. 作成された分位ポートフォリオの当月リターンは構成銘柄の単純平均（等ウェイト）として計算し，第1分位ポートフォリオから第10分位ポートフォリオのリターンを控除してスプレッドリターンを求めた. スプレッドリターンは，第1ポートフォリオをロングし第10分位ポートフォリオをショートしているロング/ショート戦略のリターンを複製しているものと解釈できる.

こうして求めた月次のスプレッドリターンについて集計し，各種指標によってファクターの予測力を評価する.

b. 分析結果：取引コストなしの場合

取引コストを考慮しない場合についての分析結果の概要を表3.1に示した. 1カ月の残差に基づき作成した分位ポートフォリオのスプレッドリターンが「res」の欄に，3カ月の残差の場合が「$ms3\_res$」，以下同様に，6カ月が「$ms6\_res$」，12カ月が「$ms12\_res$」である. 参考として，前月リターンを基準に同様の方法で求めたスプレッドリターンについては「lag_ret」として示している. 平均値・標準偏差はそれぞれ12倍，$\sqrt{12}$倍して年率換算値としている.

図3.1，図3.2には結果の比較が容易になるように平均リターンと累積リターンのグラフを示した.

表3.1を詳細に見ると，1カ月の残差（res）に基づいて作成した分位ポートフォリオのスプレッドリターンは年率約19%，インフォメーションレシオで1.7という良好な結果を示している.

3〜12カ月の累積残差ファクターに関しては，累積期間が長期化するに応じて平均リターンの低下が見られる. 応用上は1カ月の残差に注目することが効果的に見えるが，より詳細な検討のためには日次データによる1カ月未満の累積残差について検討が必要であろう.

次に前月リターンで分位ポートフォリオを作成した場合（lag_ret）を見ると，平均リターンを見る限り残差（res）の場合と顕著な差が認められない. これは，Fama–Frenchモデルの説明力は平均決定係数で0.3程度であるため，収益率の大半はモデルで説明できない部分，すなわち残差と重複している部分であるこ

[*1] 10銘柄に満たない業種グループの場合は，昇順に並べてから，最小値の銘柄を第1分位グループ，最大値の銘柄を第10分位グループに入れることとした.

3.1 プライシングモデルの限界とアクティブ運用

表 3.1 分析結果の概要（取引コストなし）

	res	$ms3\_res$	$ms6\_res$	$ms12\_res$	lag_ret
全期間（85-08）					
平均リターン（年率）	19.36	15.74	13.34	11.52	18.68
標準偏差（年率）	11.37	12.31	12.57	12.27	16.48
インフォメーションレシオ	1.70	1.28	1.06	0.94	1.13
勝率	71%	63%	64%	62%	61%
前半（85-99）					
平均リターン（年率）	26.79	20.73	16.88	14.42	25.56
標準偏差（年率）	10.87	12.71	12.43	13.18	17.50
インフォメーションレシオ	2.46	1.63	1.36	1.09	1.46
勝率	83%	69%	67%	65%	68%
後半（00-08）					
平均リターン（年率）	7.05	7.49	7.47	6.73	7.28
標準偏差（年率）	11.34	11.27	12.66	10.49	14.11
インフォメーションレシオ	0.62	0.66	0.59	0.64	0.52
勝率	53%	54%	60%	56%	50%
全期間					
単月最大収益率	17.1	14.6	18.9	21.4	33.3
単月最小収益率	−9.0	−11.4	−11.7	−13.7	−15.9
6 カ月ドローダウン	−10.6	−8.6	−21.7	−39.1	−10.2
12 カ月ドローダウン	−16.6	−21.7	−12.5	−21.8	−22.9
月次売買回転率	88%	56%	41%	30%	88%
平均銘柄数	125	125	125	125	125

res：1 カ月残差，$ms3\_res$：3 カ月累積残差，$ms6\_res$：6 カ月累積残差，$ms12\_res$：12 カ月累積残差，lag_ret：前月リターン．
平均は月次平均値を 12 倍に，標準偏差（年率）は月次標準偏差を $\sqrt{12}$ 倍にして求めた．
インフォメーションレシオは，「平均（年率）/標準偏差（年率）」で計算．
6 カ月ドローダウンは連続する 6 カ月の累計リターンの最小値．12 カ月ドローダウンも同様．
平均銘柄数は第 1 および第 10 分位ポートフォリオそれぞれの，85～08 年の平均銘柄数．

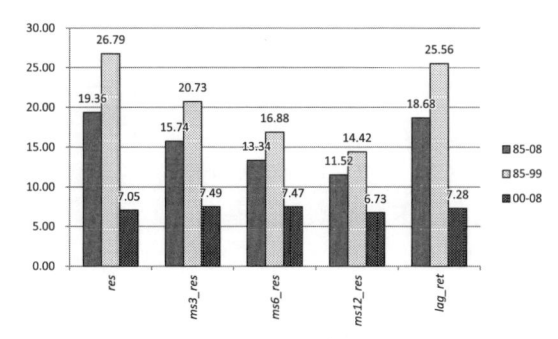

図 3.1 分析結果：平均リターン（年率，取引コストなし）

図 3.2 分析結果：累積リターン

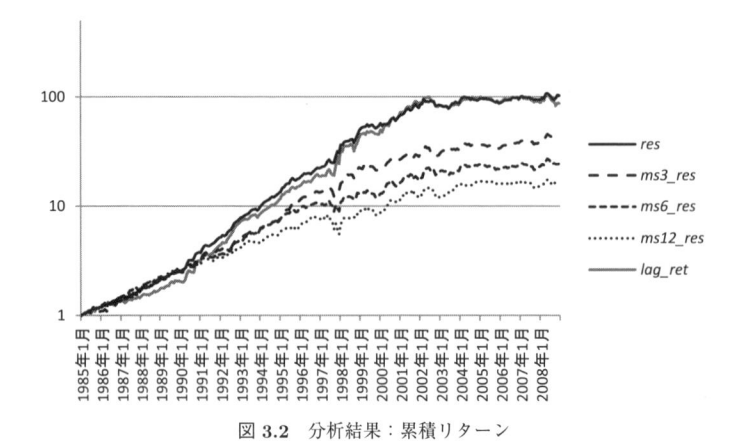

とが主な理由と考えられる．しかし，パフォーマンスやリスクに関連する項目であるインフォメーションレシオや単月の最大/最小収益率，12 カ月ドローダウンの数値に注目すると，残差ファクターのほうが前月リターンよりも優れた結果を示していることから，市場および規模，割安/成長ファクターに関するリスクが調整された残差ファクターがより正確にオーバーリアクション効果をとらえているものと評価できるだろう．

また，売買回転率に注目すると，1 カ月の残差（res）および前月リターン（lag_ret）で最も高く，平均で 88% の銘柄が毎月入れ替わったという結果になっている．これを念頭に置いて図 3.2 を見ると，2000 年以降の残差（res）および前月リターン（lag_ret）の累積パフォーマンスが劣化している原因としては，いわゆるネット証券会社の台頭を背景とした取引コストの低下があると推察できる．すなわち，取引コストが高いときに実践できなかった売買回転率が高い投資戦略が，取引コストの低下により残差ファクターによる投資戦略（もしくはその類似戦略）を実践できる環境が整い，その結果，多くの投資家が同様の取引をするようになって，パフォーマンスの劣化が進んだものと推察される．

c. 分析結果：取引コストを考慮した場合

前項の分析では取引に関するコストはすべて無視して，東証一部上場の全銘柄を対象として分位ポートフォリオを作り，その流動性にかかわらずロング・ショートのいずれも自由にできるものとしてパフォーマンスを計測した．しか

3.1 プライシングモデルの限界とアクティブ運用　　　　　55

し実際には，取引手数料に加えて流動性の少ない銘柄のマーケットインパクトコスト，ショートポジションのための貸株にかかる品貸料などは無視できない影響を及ぼすはずである．そこで，簡便的に売買に際して片道0.5%の取引コストが生じるものとした場合に，分析結果はどのように変わるかを調べた．

問 3.1 0.5%という取引コストの設定の適正性について考えよ．

残差ファクターに基づく分位ポートフォリオの分析では，毎月リバランスしているが，各月の売買回転率は平均で88%近くにも達している．つまり，毎月保有銘柄の8割が入れ替わっているということである．そのため，片道0.5%の

表 3.2 分析結果の概要（取引コスト：片道 0.5%）

	res	$ms3\_res$	$ms6\_res$	$ms12\_res$	lag_ret
全期間 (85-08)					
平均収益率（年率）	8.81	9.07	8.40	7.90	8.06
標準偏差（年率）	11.37	12.31	12.57	12.27	16.48
インフォメーションレシオ	0.78	0.74	0.67	0.64	0.49
勝率	59%	57%	61%	56%	52%
前半 (85-99)					
平均収益率（年率）	16.24	14.05	11.94	10.79	14.94
標準偏差（年率）	10.87	12.71	12.43	13.18	17.50
インフォメーションレシオ	1.49	1.11	0.96	0.82	0.85
勝率	70%	63%	65%	60%	60%
後半 (00-08)					
平均収益率（年率）	−3.50	0.82	2.53	3.11	−3.33
標準偏差（年率）	11.34	11.27	12.66	10.49	14.11
インフォメーションレシオ	−0.31	0.07	0.20	0.30	−0.24
勝率	41%	48%	55%	48%	38%
全期間					
単月最大収益率	16.2	14.1	18.5	21.1	32.4
単月最小収益率	−9.8	−12.0	−12.1	−14.0	−16.7
6カ月ドローダウン	−15.9	−12.0	−24.1	−40.9	−15.6
12カ月ドローダウン	−27.2	−25.0	−15.0	−23.6	−28.2
月次売買回転率	88%	56%	41%	30%	88%
平均銘柄数	125	125	125	125	125

res：1カ月残差，$ms3\_res$：3カ月累計残差，$ms6\_res$：6カ月累計残差，$ms12\_res$：12カ月累計残差，lag_ret：前月リターン．
平均は月次平均値を12倍に，標準偏差（年率）は月次標準偏差を$\sqrt{12}$倍にして求めた．
インフォメーションレシオは，「平均（年率）/標準偏差（年率）」で計算．
6カ月ドローダウンは連続する6カ月の累計リターンの最小値．12カ月ドローダウンも同様．
平均銘柄数は第1および第10分位ポートフォリオそれぞれの，85〜08年の平均銘柄数．

取引コストを想定しただけでも結果に大きな変化が現れる．詳細の数値は表 3.2 のとおりであるが，平均リターン（図 3.3）や累積リターン（図 3.4）を見ると，2000 年以降には残差に基づく投資戦略ではほとんど超過収益が得られない状況になってしまう．

以上のとおり，Fama–French モデルで求めた残差ファクターをオーバーリアクションの指標とみなして調べたところ，見かけ上は高い説明力を有し，将来収益率の予測に有効性があるように見えたものの，具体的な投資戦略を評価すると売買回転率が高いため，マーケットインパクトなどの取引コストが無視できない状況では超過収益を具現化することは難しいという結論に至った．

とはいえ，超過収益の可能性が完全に否定されたわけではない．たとえば，

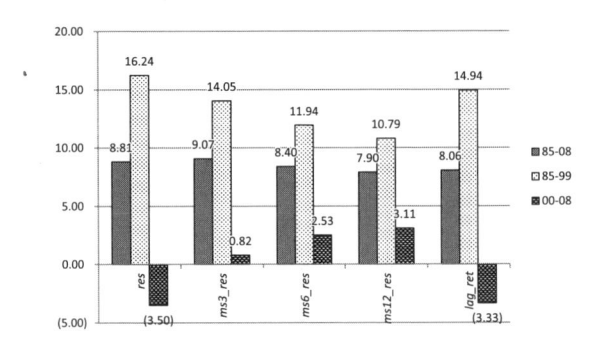

図 3.3 分析結果：平均リターン（年率，取引コスト：片道 0.5％）

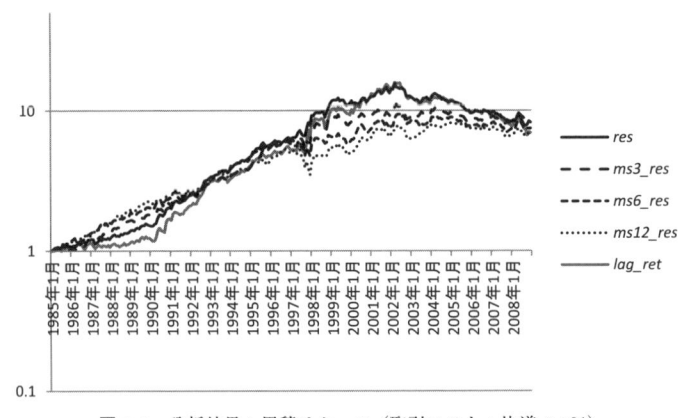

図 3.4 分析結果：累積リターン（取引コスト：片道 0.5％）

流動性の高い銘柄群にユニバースに限定した場合や，先物やオプションと組み合わせるなど，取引コストを低く抑えた戦略の有効性を調べる意義はあると思われる．

3.2　クロスセクション回帰モデル

3.2.1　クロスセクション回帰モデルの概要

CAPM や APT モデルは，個別銘柄の超過収益率を単一もしくは複数のファクターに分解するモデルとして次のような線形モデルの形式で表される．

$$R_i(t) = \sum_{k=1}^{K} \hat{\beta}_{k,i} F_k(t) + \epsilon_i(t) \tag{3.2}$$

ここで $R_i(t)$ は第 i 証券の t 期における超過収益率であるが，i を固定しているという意味でカッコの外書きにしている．$F_k(t)$ は t 期における第 k ファクター値であり，$\hat{\beta}_{k,i}$ は i 証券の第 k ファクターに対する回帰係数である．なお $\epsilon_i(t)$ は誤差項で通常の回帰分析の条件を満たすものとする．この回帰分析では，各 i ごとに，同時に観測される収益率とファクター $(R_i(t), F_1(t),\ldots, F_K(t))$ の，一定期間 $t \in \{1, 2,\ldots, T\}$ のデータから，当該期間の平均的な関係性を表す係数 $\hat{\beta}_{1,i},\ldots,\hat{\beta}_{K,i}$ を推定することが目的である．

一方，クロスセクション回帰モデルは，現在時点で観測されているファクターを説明変数として将来の収益率を説明しようとする回帰モデルである．

$$R_t(i) = \sum_{k=1}^{K} \hat{f}_k B_{k,t-1}(i) + \epsilon_t(i) \tag{3.3}$$

ここで $R_t(i)$ は第 i 証券の t 期におけるリターンであるが，t を固定しているという意味でカッコの外書きにしている．$B_{k,t-1}(i)$ は第 i 証券の $t-1$ 期末における第 k ファクター値である．$\hat{f}_k$ は第 k ファクターの回帰係数である．なお $\epsilon_t(i)$ は誤差項で通常の回帰分析の条件を満たすものとする．クロスセクション回帰は，収益率とファクター $(R_t(i), B_{1,t-1}(i),\ldots, B_{K,t-1}(i))$ について，$i \in \{1,\ldots, N\}$ のデータから，t における回帰係数 $\hat{f}_1,\ldots,\hat{f}_K$ を推定することが目的となる．たとえば，$B_{k,t-1}(i)$ としては，時価総額，株主資本株価比

率，配当利回りなど，株価との関係性が見込まれる銘柄属性データが候補となろう．

クロスセクション回帰モデルの説明変数ファクターを，それぞれ平均が 0，分散が 1 になるように基準化した上で回帰分析を適用した場合，回帰係数は各ファクターの被説明変数への寄与度を比較可能な形で求めたものと解釈できる．これをとくにファクターリターンと呼んでいる．クロスセクション回帰によれば，各 t ごとにファクターリターンが得られるが，t によらず安定して高い寄与を示すファクターが発見できれば，株価の将来予測に役立てられるかもしれない．

実際に個別銘柄のクロスセクション回帰モデルを推定してみると決定係数が低く，ファクターリターンの大きさ・安定性も十分でないことが多い．改善策として，業種のダミー変数などを利用して業種の違いから生じるリターン格差を調整することも有効である．また，個別証券を対象とする分析でなくてもよい場合には，たとえば，適当な基準で作成したポートフォリオの収益率を被説明変数としたクロスセクション回帰モデルを利用することも有効である（Fama and MacBeth (1973) など）．

3.2.2 プライシングモデル vs 統計モデル

市場（MKT），規模（SMB），割安/成長（HML）の 3 ファクターを採用する Fama–French モデルが提案されるに先立って，Fama–French (1992) ではクロスセクション回帰モデルによる実証分析を行い，クロスセクションの期待収益率に関して株式時価総額（ME）と株主資本株価比率（BE/ME）は説明力がある，という結論を示している．この分析結果の解釈については，3.1 節のオーバーリアクションでも言及したように 2 つの態度がある．

- アノーマリーとして理解
  個別銘柄の期待リターンを時価総額（ME）と株主資本株価比率（BE/ME）によって説明できるのはリスクモデルで説明できない現象（アノーマリー）と考える．
- リスクファクターの代理変数として理解
  時価総額（ME）と株主資本株価比率（BE/ME）が個別銘柄の期待リター

ンに対する説明力を有しているということは，何らかのリスク（リスクプレミアム）に関係していると想定される．したがって，これらの変数は，APT モデルに組み込まれるべきリスクファクターの代理変数である可能性が高い．

　Fama and French (1993) は，これらの変数が何らかのリスクの代理変数であると理解した上で，APT の考え方に沿って複製ポートフォリオによるリスクファクターの計算方法を考案して新しいプライシングモデルを提案したのである．

　一方で，時価総額や株主資本株価比率などすでに広く知られている有効な説明変数以外でも，アノーマリーと呼ぶに相応しいファクターを発見する機会がないとも限らない．その場合には，ファクターと将来リターンの関係性を統計的に検証し将来予測に役立てる試みとしてクロスセクション回帰分析は有効であるが，あくまでも現象をとらえた統計モデルであって，規範性を備えたプライシングモデルではないことに注意すべきであろう．また，アノーマリーと思われた現象が意図せずにとったリスクの代償としてプレミアムを得ていた結果であることに，事後的に気づくこともあるだろう．たとえば，一定期間成功を収めた投資戦略であっても，流動性が枯渇するような市場逼迫期に積み上げた利益をすべて失うような事象がこれまで幾度も観察されてきた（LTCM，リーマンショックで破綻したヘッジファンドなど）．失敗を振り返れば，単に流動性リスクを過大にとってプレミアムを得ていただけのこと，という見方もできるだろう．いずれにせよ，クロスセクション回帰モデルは現時点で観測されたデータと将来リターンの関係性を統計的に検証するために利用できる．将来リターンの予測の可能性を調べると同時に，新しい価格モデルのリスクファクター候補を発見する上でも有効である．

問 3.2 ヘッジファンドの運用報酬は，固定報酬（たとえば預かり資産残高の 1〜3%）と成功報酬（たとえば運用収益の 20%）の組み合わせになっていることが多い．こうした報酬体系の場合，レバレッジを利用しながらディープ・アウトオブザマネーのオプションを売る戦略（もしくはそれを複製するような戦略）をとるインセンティブが働く．その理由を考えよ．

3.2.3 Fama–French のクロスセクション回帰モデル

Fama and French (1992) は,第 2 章で確認した Fama–French の 3 ファクターモデルへと続く重要な論文であるが,その後の研究のベンチマークとなる検証方法と結果が示されているので詳細を示そう.

まず,結論を要約すれば「CAPM が主張する β はクロスセクションの期待収益率に関する説明力はないが,株式時価総額と株主資本株価比率は説明力がある.しかもそれは,従来説明力があると考えられてきた財務レバレッジや 1 株あたり利益の効果を吸収する」というものである.

この論文では,クロスセクション回帰モデルを推定しているが,被説明変数は年次の収益率,説明変数は以下のファクターから選択している.

- β:時価総額加重株価指数に対するベータ値(回帰係数)
- $\ln(ME)$:株式時価総額の対数
- $\ln(BE)$:株主資本(簿価)の対数
- $\ln(BE/ME)$:株主資本株価比率の対数(PBR の逆数)
- E/P:益回り(1 株あたり利益/株価,PER の逆数)
- $\ln(A/BE)$:資産株主資本比率の対数(簿価基準財務レバレッジ)
- $\ln(A/ME)$:資産株価比率の対数(時価基準財務レバレッジ)

NYSE,AMEX,NASDAQ に上場する非金融会社をユニバースとして,CRISP[*2)]の株価データ(期間は 1963〜1990 年)と COMPSATAT の財務データ(期間は 1962〜1989 年)により,次のとおりファクターを計算する.

- $t-1$ 年に会計年度末を迎えた財務データを(会計年度末が 12 月でないもの)$t-1$ 年 12 月末の日付で得られたデータとして扱い,翌 t 年 7 月から $t+1$ 年 6 月にかけての年間リターンを t 年の収益率とする.すなわち,説明変数としての財務データなどは,説明変数である収益率に対して最低 6 カ月のラグを見ている.これには決算データが発表されるまでのタイムラグを十分考慮する意図がある.
- E/P や BE/ME どの株価比率ファクターは,$t-1$ 年 12 月までに得られた財務データと $t-1$ 年 12 月末の株価によって計算する.ただし,ファク

[*2)] Center for Research in Security Prices の略.

ターとしての時価総額 ME については,別途 t 年 6 月末株価で計算する.また,β についてはデータの利用可能性にも依存するが,24〜60 カ月の過去データにより推定する.

しかし,個別銘柄の β は非常に不安定性で,しかも,β と ME には負の相関が認められるため,両者の効果を分離しつつ安定的な β を推定するために,次のような方法で個別銘柄の β を決定している.

- 毎年 6 月の NYSE 上場株式を時価総額でソートし,10 個のグループに分けるためのブレイクポイントを決める.
- そのブレイクポイントに応じて,NYSE,AMEX,NASDAQ のすべての銘柄を 10 個のポートフォリオを分ける.
- 次に,各グループごとにヒストリカル β によって 10 個のポートフォリオを作成し,その結果得られた 100 個のポートフォリオについて,構成銘柄のヒストリカル β を計算し,得られた平均 β をもって,そのポートフォリオに含まれる銘柄の β とする.

クロスセクション回帰の結果,回帰係数は各年ごとに得られるので,その平均値と t 値を求め帰無仮説に対する検定を行っている.重要な結果について箇条書きでまとめると次のとおりである.

- β は単独でもその他のファクターと組み合わせても有意でない.
- E/P は単独なら有意であるが,他の変数と組み合わせると有意ではなくなる.
- $\ln(BE/ME)$ は強く有意なファクターで,$\ln(ME)$ と組み合わせても引き続き有意である.
- $\ln(A/BE)$ と $\ln(A/ME)$ はともに有意である.符号が逆になっているが,

$$\ln(BE/ME) = \ln(A/ME) - \ln(A/BE)$$

ということから,結局 $\ln(BE/ME)$ による効果を表しているにすぎないと解釈できる.
- E/P については単独では有意であるが,$\ln(ME)$ と $\ln(BE/ME)$ と同時に用いるとその効果がそれらに吸収されて消えてしまう.

以上の観察結果から,最終的に企業規模 $\ln(ME)$ と株主資本株価比率

ln(BE/ME) が株式リターンのクロスセクション回帰において有意なファクターであると結論している.

3.3 クロスセクション回帰モデルの具体例

産業構造が変わり高付加価値製品を供給する企業の時価総額が増進する流れの中で,現状の財務会計制度のバランスシートに反映されていない無形資産価値が株価の重要な決定要因として台頭しつつあるとの認識が広がっている.無形資産価値は直接的に観測できないとしても,研究開発費や広告宣伝費に注目して間接的に評価しようとする試みが行われてきた.Lev and Sougiannis (1996) は Fama and French (1992) のクロスセクション回帰モデルに研究開発費ファクターを加えて米国株式について実証分析を行った結果,研究開発費は有意でモデル全体の説明力が高まったと報告をしている.わが国においても,鄭 (2005) が日本企業を対象に同様の検証を行った結果,日本市場においても米国と同じ現象があることを報告している.劉 (2005) においても日本の株式市場データを用いた同様の分析報告がある[*3)].

ここでは,Fama and French (1992) で採用された,市場ベータ β,時価総額 ME,および株主資本株価比率 BE/ME の3ファクターに,新たなファクターを追加したクロスセクション回帰モデルについての実証分析結果を示す.

3.3.1 データとモデル

a. データ

金融(銀行・保険・証券)を除く東証一部上場銘柄で研究開発費が利用可能な 1998 年 6 月以降のデータを使用する.ただし,株主資本株価倍率(BE/ME)が 10 倍以上の銘柄,財務レバレッジが 20 倍以上の銘柄は異常値とみなし除外した.その結果採用された銘柄は 1998 年 6 月末で 579 銘柄,2008 年 6 月末では 834 銘柄である.

[*3)] 株価から計算される実現収益率ではなく,Ohlson (1995) の残余利益モデルから求められるインプライド資本コストに関して同様のリスクプレミアム分解を行う実証研究も多く報告されている(村宮 (2005) など).インプライド資本コストについては第 4 章を参照せよ.

クロスセクション回帰モデルは，ある期間の収益率を被説明変数として，それ以前に観測可能な銘柄属性データ（財務データなど）を説明変数とする回帰モデルである．わが国では，3月末決算の企業が多く，期末決算データは早ければ4月中に遅くとも6月中には発表されてきたので，毎年の6月末を基準日として，そこから1年間の配当込みリターンを被説明変数とし，3月末までの直近決算データで計算した銘柄属性データを説明変数とすることにした[*4]．

b. 説 明 変 数

説明変数として採用するファクターは次のとおりである．

- β ファクター（$BETA$）：基準日までの過去60カ月配当込み収益率により求めた対TOPIXβ．
- 時価総額ファクター（MKV）：株式時価総額（ME）の対数値．
- 割安/成長ファクター（BPR）：連結基準の株主資本株価比率．株主資本（BE）を株式時価総額（ME）で除した値（BE/ME）．
- 残差ファクター（RES）：Fama–Frenchの3ファクター（MKT, SMB, HMLファクター）による時系列回帰で求めた係数と前月の各ファクターリターンおよび個別銘柄収益率により求めた前月の残差リターン（詳細は3.1.2項を参照せよ）．
- 研究開発費ファクター（RD）：過去5年間の平均研究開発費を連結総資産額で除した値．

各ファクターは，各月の横断的な平均が0，標準偏差が1になるよう基準化された後，±3を超える値があれば，当該データを±3に修正した後，再び平均0，標準偏差1となるように基準化している．各ファクター間の相関係数を確認したところ，時価総額ファクターと割安/成長ファクターについて一時的に0.4程度の相関が認められる時期があったが，概ね絶対値で0.3以下に収まっていることから多重共線性の問題は回避できると判断した．

c. モ デ ル

ここでは，以下の次の4つのモデルを推定し，主に回帰係数の統計的有意性を確認することによってモデル選択を行う．

[*4] ただし，利用可能なデータの都合で，2008年6月末における将来リターンは翌年2月末までの8カ月におけるリターンである．

- モデル1：基本3ファクター

$$R_{t+1}(i) = \alpha + \beta^{BETA}BETA_t(i) + \beta^{MKV}MKV_t(i) + \beta^{BPR}BPR_t(i)$$

- モデル2：基本3ファクター+残差ファクター

$$R_{t+1}(i) = \alpha + \beta^{BETA}BETA_t(i) + \beta^{MKV}MKV_t(i) + \beta^{BPR}BPR_t(i)$$
$$+\beta^{RES}RES_t(i)$$

- モデル3：基本3ファクター+研究開発費ファクター

$$R_{t+1}(i) = \alpha + \beta^{BETA}BETA_t(i) + \beta^{MKV}MKV_t(i) + \beta^{BPR}BPR_t(i)$$
$$+\beta^{RD}RD_t(i)$$

- モデル4：基本3ファクター+残差ファクター+研究開発費ファクター

$$R_{t+1}(i) = \alpha + \beta^{BETA}BETA_t(i) + \beta^{MKV}MKV_t(i) + \beta^{BPR}BPR_t(i)$$
$$+\beta^{RES}RES_t(i) + \beta^{RD}RD_t(i)$$

3.3.2 クロスセクション回帰モデルの推定結果

a. 年次リターンを被説明変数とする場合

各モデルは1998〜2008年の11年について推定し，得られた11個のパラメータについて平均値およびt値を求め，平均値の仮説検定を行う（p値を求める）．推定結果は以下の表3.3のとおりである．

年次リターンを被説明変数とする場合，モデル1〜4のいずれにおいてもβファクター（$BETA$）および時価総額ファクター（MKV）の回帰係数は，5%有意水準で帰無仮説を棄却できない．βファクター（$BETA$）はTOPIX（東証一部株価指数）に対する回帰係数として求めているので，その回帰係数β^{BETA}は当該年のTOPIX収益率に対応するものである．この分析のデータ期間におけるTOPIXは一方的に上昇（もしくは下落）していたわけではないので，β^{BETA}が有意に正値（もしくは負値）になることは期待できず，この分析結果は不自然ではない．また，時価総額ファクター（MKV）については，80年代後半までは回帰係数が負値で有意に推定される（小型株の期待リターンが高い）傾向が続いていたが，バブル崩壊以降は逆に大型株の期待リターンが高い傾向が強

3.3 クロスセクション回帰モデルの具体例

表 3.3 回帰係数の検定：年次リターン

	β					決定係数
	$BETA$	MKV	BPR	RES	RD	
モデル 1						0.094
平均	−0.029	0.019	0.042			
t 値	−1.591	1.018	3.387			
p 値	0.140	0.331	0.006			
モデル 2						0.097
平均	−0.028	0.020	0.041	−0.003		
t 値	−1.564	1.018	3.347	−0.422		
p 値	0.146	0.331	0.007	0.681		
モデル 3						0.102
平均	−0.029	0.014	0.045		0.022	
t 値	−1.658	0.788	3.870		2.670	
p 値	0.126	0.448	0.003		0.022	
モデル 4						0.105
平均	−0.029	0.014	0.044	−0.002	0.023	
t 値	−1.637	0.775	3.832	−0.290	2.905	
p 値	0.130	0.455	0.003	0.777	0.014	

まっている．投資家が信用リスクに敏感となったことによって，信用リスクの高い小型株が敬遠されると同時に大型株が選好されたことが1つの理由と考えられる．また，「大型株相場」とか「小型株相場」という言葉があるとおり，大型株もしくは小型株が相対的に買い進まれる期間が入れ替わるように現れることもあろう．この分析のデータ期間は高々11年で十分に長期とはいえないため，こうした相場の入れ替わりにより回帰係数 β^{MKV} が有意にならなかった可能性がある．

しかし割安/成長ファクター (BPR) の係数 β^{BPR} については，p 値が1%未満の有意水準で帰無仮説が棄却されている．BPR に関連して「成長株相場」とか「割安株相場」といった相場局面が指摘されることもあるが，わが国の株式市場においては，90年代後半から2000年のはじめにおけるITバブルと呼ばれる頃や，2008年の金融危機などの短い期間を除いて，β^{BPR} は有意な正値として観測される傾向が強いようである．

新たに追加した2つのファクターについては，研究開発費ファクター (RD) が比較的高い有意水準で帰無仮説を棄却した一方で，残差ファクターは棄却できなかった．1年という比較的長期のリターンを被説明変数としているため，1

カ月の残差ファクターによるオーバーリアクション効果は確認できないようである.

b. 月次リターンを被説明変数とする場合

被説明変数を毎月の月次収益率に，説明変数は前月末で利用可能なデータに変更したうえで，毎月の推定結果（1998年7月～2009年2月の128カ月分）について，年次データの場合と同様に平均値の検定を行い，結果を表3.4に示した．

年次データの場合と同様に，βファクター（$BETA$）と時価総額ファクター（MKV）については帰無仮説を棄却できない一方で，割安/成長ファクター（BPR）と研究開発費ファクター（RD）については1%未満の有意水準で帰無仮説を棄却する結果となった．年次リターンでは帰無仮説を棄却できなかった残差ファクターについても高い有意水準で帰無仮説を棄却する結果となっており，1カ月の残差ファクターがとらえることのできるオーバーリアクション効果は，やはり1カ月程度の短いリバランスで有効であるという結果になった．

c. 業種ダミー変数の追加

Fama–Frenchモデルに新たに追加した割安/成長ファクター（株主資本株価

表3.4 回帰係数の検定：月次リターン

	β					決定係数
	$BETA$	MKV	BPR	RES	RD	
モデル1						0.069
平均	−0.100	0.045	0.436			
t値	−0.641	0.294	4.867			
p値	0.523	0.769	0.000			
モデル2						0.078
平均	−0.089	0.045	0.402	−0.366		
t値	−0.568	0.291	4.621	−4.059		
p値	0.571	0.771	0.000	0.000		
モデル3						0.074
平均	−0.105	0.001	0.463		0.201	
t値	−0.679	0.004	5.265		3.041	
p値	0.498	0.996	0.000		0.003	
モデル4						0.083
平均	−0.095	0.003	0.428	−0.365	0.192	
t値	−0.606	0.021	5.000	−4.125	3.012	
p値	0.546	0.983	0.000	0.000	0.003	

比率）と研究開発委費ファクター（研究開発費総資産比率）の2つは，月次リターンを被説明変数とする場合には同時に追加した場合においても統計的に有意なファクターであることが示された．しかし，仮にこれらのファクターが業種ごとに特定の平均的傾向を示すファクターであるとすれば，業種の違いを反映する代理変数としての役割を負っているだけで，ファクターに期待される本質的な意味はない可能性もある．

そこで，東証17業種分類のダミー変数を追加して，モデル1～4を再び推定してみることとした．ただし，東証一部上場銘柄で，研究開発費データが利用できる銘柄を東証17業種分類ごとに集計すると表3.5のとおりであり，構成銘柄数が極端に少ない業種も存在する．そこで，平均銘柄数が10に満たない業種（電力・ガス，運輸物流，銀行，金融（除く銀行），不動産）についてはユニバースから除外して，残る12業種についての業種ダミー変数を追加して回帰分析を実施した．結果は表3.6のとおりである．

業種ダミーを追加することによって，研究開発費ファクターの係数がわずかに減少し，p値が若干悪化したものの，追加したファクターの有意性が失われる

表 3.5 分析対象ユニバースのTOPIX17業種ごとの構成銘柄数

	TOPIX17	平均	最大	最小
1	食品	51	58	38
2	エネルギー資源	11	14	9
3	建設・資材	144	159	131
4	素材・科学	142	152	126
5	医薬品	35	38	33
6	自動車・輸送機	50	56	38
7	鉄鋼・非鉄	46	50	39
8	機械	95	105	71
9	電気・精密	150	172	99
10	情報通信・サービスその他	89	122	37
11	電力・ガス	5	12	3
12	運輸・物流	3	4	1
13	商社	38	49	16
14	小売	16	21	11
15	銀行	0	0	0
16	金融（除く銀行）	1	1	1
17	不動産	4	6	1

平均，最大，最小は，東証一部上場銘柄で，1998年6月～2009年1月の毎月末における研究開発費データが利用可能な銘柄数に関するもの．

表 3.6 回帰係数の検定:月次リターン,業種ダミーを追加した場合

	HBETA	MKV	β BPR	RES	RD	決定係数
モデル 1						0.294
平均	−0.040	0.037	0.485			
t 値	−0.293	0.254	5.885			
p 値	0.770	0.800	0.000			
モデル 2						0.300
平均	−0.025	0.038	0.448	−0.365		
t 値	−0.177	0.264	5.543	−4.220		
p 値	0.860	0.792	0.000	0.000		
モデル 3						0.296
平均	−0.047	0.008	0.487		0.136	
t 値	−0.344	0.056	5.922		2.602	
p 値	0.732	0.955	0.000		0.010	
モデル 4						0.302
平均	−0.032	0.010	0.450	−0.364	0.137	
t 値	−0.231	0.066	5.584	−4.235	2.697	
p 値	0.818	0.947	0.000	0.000	0.008	

ことはなかった.一方,決定係数については,ダミーを追加する前の水準(0.07 前後)から大きく改善して,概ね 0.3 に達している.

3.3.3 分位ポートフォリオ分析

以上のような統計分析の結果を素直に受け入れれば割安/成長ファクターや研究開発費ファクターは将来収益率の予想に有効なファクターであるとみなすことができるかもしれないが,実際の株式投資収益率は必ずしも統計モデルが前提としているような確率的な振る舞いをするとは限らない.したがって,こうしたモデルで収益率の予測やリスクの評価を行う場合はポートフォリオシミュレーションなど実際的な方法で確認する必要があるだろう.ここでは,ポートフォリオシミュレーションの最も基本的な方法である分位ポートフォリオのスプレッドリターンに注目した方法で,(東証 17 業種のうちの) 12 業種の業種ダミーを追加した 4 つの月次クロスセクション回帰モデルの収益率予測力の評価を行う.

a. 具体的方法

収益率予測の方法は次のとおりである.まず,各モデルを毎月のクロスセク

ション回帰で求めることによって，基準化された各ファクターの回帰係数（ファクターリターン）が毎月定まる．ファクターリターンは必ずしも安定していないので，当月までの 36 カ月の平均値をもって来月のファクターリターンの予測値（回帰モデルのパラメータ）であるとみなし，当月末に確定した各ファクターの観測値をモデルの入力値とし，来月の予想リターンを計算する[*5]．

投資対象銘柄は，当初のユニバースから電力・ガス，運輸物流，銀行，金融（除く銀行），不動産を除く 12 業種に属する銘柄とした．

各モデルで予測した予想月次収益率に応じて，業種分類ごとに銘柄をランキングし，業種構成の等しい 10 分位ポートフォリオを作成する．ただし，銘柄数が 10 で割り切れない場合には，第 1 分位と第 10 分位ポートフォリオの構成銘柄数が等しくなるように適宜調整した．

b. シミュレーション結果

作成した各 10 分位ポートフォリオの月次パフォーマンスを等ウェイト（単純平均）で計算し，第 1 分位ポートフォリオと第 10 分位ポートフォリオのスプレッドリターンを求める．収益率予測は毎月得られるので，分位ポートフォリオも毎月リバランスされる．1998 年 7 月〜2008 年 12 月のシミュレーション結果を表 3.7 に示した．また累積リターンのグラフを図 3.5 に示した．

平均リターンが最も高くなったのは Fama–French の 3 ファクターモデルに研究開発費ファクターを追加した 4 ファクターモデルで，標準偏差やインフォメーションレシオ，ドローダウンなどのリスク指標の比較で最も優れた結果を示したのが Fama–French の 3 ファクターモデルに残差および研究開発費ファクターを加えた 5 ファクターモデルである．一方で，Fama–French の 3 ファクターに残差ファクターのみを追加した 4 ファクターモデル（モデル 2）は，Fama–French の 3 ファクターモデルと比べて顕著な改善は見られなかった．

残差および研究開発費のファクターはモデルの推定において有意な追加的説明変数であることが確認されたものの，当該期間における将来予測においては必ずしも予測精度を改善する効果を発揮するものではないようである．

シミュレーション結果をより詳細に検討してみると，残差ファクターによる

[*5] ここでは平均をとる期間を 36 カ月としたが，とくに根拠があるわけではない．単純平均する場合には，経験的に 36 カ月以上の期間が望ましいようである．

表 3.7 シミュレーション結果（取引コストなし）

	モデル 1	モデル 2	モデル 3	モデル 4
全期間（98-08）				
平均収益率（年率）	12.35	12.35	15.29	14.51
標準偏差（年率）	16.20	15.14	16.22	14.72
インフォメーションレシオ	0.76	0.82	0.94	0.99
勝率	56%	59%	58%	61%
全期間				
単月最大収益率	16.0	16.6	16.6	16.6
単月最小収益率	−12.9	−11.8	−12.4	−10.3
6 カ月ドローダウン	−11.8	−16.4	−11.3	−12.8
12 カ月ドローダウン	−16.4	−20.3	−16.7	−15.3
月次売買回転率	21%	37%	22%	37%
平均銘柄数	87	87	87	87

モデル 1 は Fama–French の 3 ファクターモデル（以下 FF3），モデル 2 は FF3 に残差ファクターを追加，モデル 3 は FF3 に研究開発費ファクターを追加，モデル 4 は FF3 に残差と研究開発費の 2 ファクターを追加．
平均収益率は月次平均値を 12 倍に，標準偏差（年率）は月次標準偏差を $\sqrt{12}$ 倍にして求めた．
インフォメーションレシオは，「平均（年率）/標準偏差（年率）」で計算．
6 カ月ドローダウンは連続する 6 カ月の累計リターンの最小値．12 カ月ドローダウンも同様．
平均銘柄数は第 1 および第 10 分位ポートフォリオそれぞれの，98〜08 年の平均銘柄数．

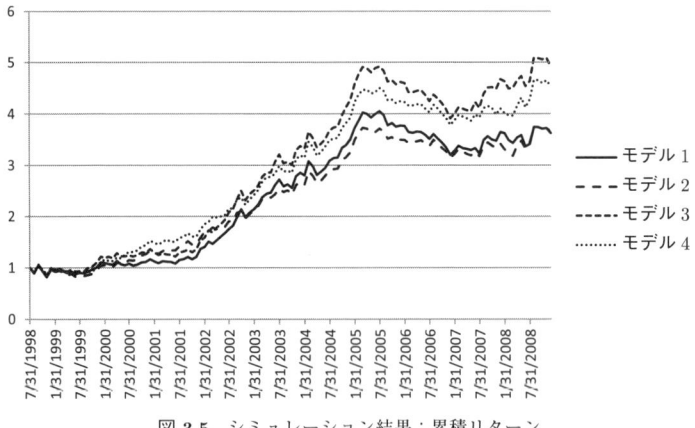

図 3.5 シミュレーション結果：累積リターン

予測は大きくプラスアルファを生み出す時期がある一方で，大きなドローダウンを被ることもある（たとえば，12 カ月ドローダウンの数値を見ると，モデル 2 は突出している）ようである．また，残差ファクターを使用するとターンオーバー（売買回転率）が高まる傾向が顕著であって，そのため実際に取引コスト

表 3.8 シミュレーション結果（取引コスト：片道 0.5%）

	モデル 1	モデル 2	モデル 3	モデル 4
全期間（98-08）				
平均収益率（年率）	9.82	7.94	12.66	10.08
標準偏差（年率）	16.20	15.14	16.22	14.72
インフォメーションレシオ	0.61	0.52	0.78	0.69
勝率	56%	57%	57%	56%
全期間				
単月最大収益率	15.8	16.2	16.3	16.2
単月最小収益率	−13.1	−12.1	−12.7	−10.7
6 カ月ドローダウン	−13.1	−18.6	−12.6	15.0
12 カ月ドローダウン	−18.9	−24.7	−19.3	−19.8
月次売買回転率	21%	37%	22%	37%
平均銘柄数	87	87	87	87

モデル 1 は Fama–French の 3 ファクターモデル（以下 FF3），モデル 2 は FF3 に残差ファクターを追加，モデル 3 は FF3 に研究開発費ファクターを追加，モデル 4 は FF3 に残差と研究開発費の 2 ファクターを追加．
平均収益率は月次平均値を 12 倍に，標準偏差（年率）は月次標準偏差を $\sqrt{12}$ 倍にして求めた．
インフォメーションレシオは，「平均（年率）/標準偏差（年率）」で計算．
6 カ月ドローダウンは連続する 6 カ月の累計リターンの最小値．12 カ月ドローダウンも同様．
平均銘柄数は第 1 および第 10 分位ポートフォリオそれぞれの，98〜08 年の平均銘柄数．

がかかる場合には，平均リターンがより低下する傾向が強まると思われる．実際に片道 0.5% の取引コストを想定したシミュレーション結果を表 3.8 に示したので参照してほしい．

一方の研究開発費ファクターは，平均リターンの改善傾向もさることながら，リスクの低減効果も期待できる予測ファクターとして機能しているようである．

問 3.3 上の分析モデルを変更せずに，予測精度を高める実践的な工夫を考えよ．

章 末 問 題

問題 3.1 機関投資家などが資産運用の現場で利用するマルチファクターモデルを開発する場合，単純なクロスセクション回帰モデルでは安定した精度を維持することは難しいため，通常は，予測しないリスクファクター部分を控除した結果得られる残差部分について積極的予測を試みるという整理が有用であると思われる．そこで，(3.2) 式で示された時系列回帰モデルをリスクファクター

のモデル，(3.3) 式で示されたクロスセクション回帰モデルを残差部分のモデルと理解して，この2つを合成したマルチファクターモデルを示せ．

問題 3.2 上の問題で得られる結果を参考に，Fama and French (1992) のクロスセクション回帰モデル：

$$R_{t+1}(i) = \alpha + \beta^{BETA} BETA_t(i) + \beta^{MKV} MKV_t(i) + \beta^{BPR} BPR_t(i)$$

の意味を再考すると，これは CAPM モデルの残差に関する回帰モデルとみなすことができることを確認せよ（ただし，$BETA$, MKV, BPR は互いに無相関であるとする）．

問題 3.3 上の問題における議論を参考に，債券に関する問題を考える．たとえば，個別債券のリターンを説明するクロスセクション回帰モデルを作成する場合，金利期間構造の平行移動による効果はリスクファクター要因とみなして予測の対象にせず，その他の要因を個別債券の属性データで説明することを目指すとき，リスクファクターの影響を吸収するためにはどのようなファクターをクロスセクション回帰に採用すればよいか．

問題 3.4 上の問題に関連して，グローバル債券に関する問題を考える．米ドル，ユーロ，豪ドル，および円などの各国通貨で発行される個別債券のリターンを説明するクロスセクション回帰モデルを作成する場合，各国の金利期間構造が平行移動する共通要因についてはリスクファクター要因とみなして予測の対象にせず，その他の要因を個別債券の属性データで説明することを目指すとする．このとき，クロスセクション回帰モデルに個別債券のデュレーションを説明変数として採用した場合，回帰分析の結果得られるデュレーションの回帰係数は何を意味しているか考えよ．

問題 3.5 月次収益率に対するクロスセクション回帰分析の説明変数候補にはどのようなものがあるか考えよ．

問題 3.6 実際のアクティブ運用では投資対象資産の流動性はパフォーマンスに重大な影響を及ぼす．より現実的なバックテストを行うためにはどのような工夫をすべきか考えよ．

4

株価評価モデル

　CAPMやAPT，そしてAPTの具体例とみなせるFama and French (1993)の3ファクターモデルなどは，多数の参加者が集う理想的な条件を備えた市場においてリスク証券が合理的に価格付けされるとき，証券のリターンがどのように決まるべきかを表すモデルである（市場アプローチ）．これらのモデルでは，分散消去不可能なリスク量に応じて個別証券，もしくはポートフォリオの期待リターンが決まるという結論が導かれる．

　一方で，企業価値は当該企業が将来生み出すキャッシュフローの割引現在価値合計として定まるという基本的考え方の下で，当該企業の将来利益とリスクを考慮した適正な株価の関係をモデル化しようとするアプローチがある（個別アプローチ）．代表的なモデルとしては，配当割引モデルや同モデルをさらに発展させた残余利益モデル，さらに商業ベースで提供されている数多くのキャッシュフロー・ディスカウントモデルなどがある．

　個別アプローチでは，当該企業の将来長期間にわたる利益もしくはキャッシュフローを予測し，それらを割り引いた現在価値の合計として企業価値を推定する．正しい企業価値推定のためには，精度の高いキャッシュフロー予測が求められると同時に，当該企業のリスクを適切に反映した割引率を設定する必要がある．そのためにCAPMやAPTなどの価格モデルが利用されることも多いので，個別アプローチと市場アプローチは必ずしも独立したモデルとみなすべきではない．

　ここでは，DCF（discount cash flow）の方法を確認した後に，企業価値評価の概要を説明し，代表的モデルとしてOhlson (1995)の残余利益モデルを紹介し，株式資本コスト推定およびそのリスク分解について具体例を紹介する．

4.1 DCFの基本

4.1.1 現在価値

ここでは簡単のために，キャッシュフローの現在価値を評価するための割引金利は期間によらず一定として扱う．ただし，キャッシュフローに不確実性がある場合には，不確実性の程度に応じたリスクプレミアムを割引率に上乗せしなければ，適切な現在価値評価とはならないので，その方法については後述することとして，議論を進める．

問 4.1 実際の金利は期間に応じて決まる．これを金利の期間構造と呼ぶが，その具体例を挙げよ．

さて，r を1年複利の金利とするとき，n 年後の確定的キャッシュフロー X の現在価値 P は，

$$P = X(1+r)^{-n}$$

のとおり計算できる（図4.1）．また，年 m 回複利，もしくは連続複利であれば，現在価値は次のように計算できる．

$$P = X\left(1+\frac{r}{m}\right)^{-mn}, \qquad P = Xe^{-rn} \tag{4.1}$$

複利による現在価値計算の特徴をまとめると以下のとおりである．

- $r=0$ の場合，m 回複利と連続複利のいずれにおいても $P=X$ となる．
- $r>0$ ならば，$(1+r/m)^{-mn} < 1$, $e^{-rn} < 1$ となるので $P<X$ である．
- 複利計算は元利合計の回収と再投資を複利のタイミングで行うことから，利息も再投資されることを前提として計算される．
- $(1+r/m)^{-mn}$ や e^{-rn} は，それをキャッシュフロー金額にかけることで

図 4.1 キャッシュフロー X の現在価値

現在価値が決まるような係数であることから、ディスカウントファクター (discount factor) と呼ばれている.

4.1.2 正味現在価値

現時点から n 年後まで、1 年ごとのキャッシュフロー $\{C_0, C_1, \ldots, C_n\}$ を支払う債券の現在価値 P は、個々のキャッシュフローの現在価値合計に一致する. すなわち、

$$P = C_0 + C_1(1+r)^{-1} + \cdots + C_{n-1}(1+r)^{-(n-1)} + C_n(1+r)^{-n}$$
$$= \sum_{i=0}^{n} C_i (1+r)^{-i} \tag{4.2}$$

である. また、投資および回収のキャッシュフローが複数ある場合についても同様に考えることができる. すなわち、(4.2) 式のキャッシュフローが正値 (回収)、負値 (投資) のいずれでも問題なく成立する. このように、すべての投資・回収キャッシュフローを反映して求めた現在価値を、**正味現在価値**もしくは **NPV** (net present value) と呼ぶ.

問 4.2 最初に 10 億円、1 年目に 20 億円投資すれば、2〜5 年後まで毎年 10 億円ずつ回収できる投資案件があるとする. 金利が 5% であるとき、この投資案件の正味現在価値を求めよ.

投資案件のキャッシュフローは、いつも計算に都合よくちょうど 1 年ごとに生じるとは限らない. それでも、年度途中のキャッシュフローは期末にまとめて発生するとみなして計算すればよいが、場合によっては、半年ごと、四半期ごとなど、任意の $1/m$ 年ごとに生じるとみなして、年 m 回複利のタイミングで生じるキャッシュフローとみなすことにより、

$$P = \sum_{i=0}^{n} C_i \left(1 + \frac{r}{m}\right)^{-i},$$

のとおり計算することは可能である. ただし、計算における $i = 1, 2, \ldots, n$ はキャッシュフローに振られた番号であって、すでに「年」を意味していないことに注意しよう.

しかし，任意のタイミングで発生するキャッシュフロー評価については，連続複利のほうが都合がよい．連続複利であれば，i 番目のキャッシュフロー $C(t_i)$ が発生するまでの期間を t_i 年として，

$$P = \sum_{i=0}^{n} C(t_i) e^{-rt_i}$$

のとおり計算できる．

4.1.3 内部収益率

投資案件評価などの場合，将来キャッシュフローの現在価値を計算するよりも，その投資と回収の平均的な利回りを知りたいというニーズがある．この利回りが**内部収益率**（internal rate of return：IRR）である．内部収益率は，投資（負のキャッシュフロー）と回収（正のキャッシュフロー）の現在価値合計が 0 になる利回りで，投資と回収の現在価値が一致するための割引率ということもできる．

すなわち，内部収益率（IRR）は，キャッシュフロー列 $\{C_0, C_1, \ldots, C_n\}$ が与えられたとき，

$$0 = C_0 + C_1(1+r)^{-1} + C_2(1+r)^{-2} + \cdots + C_n(1+r)^{-n} \quad (4.3)$$

が成り立つような利率 r である．ただし，投資のキャッシュフローは $C_i < 0$，回収のキャッシュフローは $C_i > 0$ のように符号が逆になる．

例 4.1 現時点から毎年生じるキャッシュフロー列 $\{-2, 1, 1, 1\}$ の IRR を求めよ．

(4.3) 式より，

$$0 = -2 + (1+r)^{-1} + (1+r)^{-2} + (1+r)^{-3}$$

これを満たす r を求めると，$r \approx 0.2338$ となる．

内部収益率を求めるための方程式は n 次方程式になるため，一般には解析解が得られない．したがって，ニュートン法や二分法などの数値計算によって求める必要があるが，多くのソフトウェアにはそのための関数が用意されている[*1)]．

[*1)] Excel では，内部収益率を求める IRR 関数 IRR( ) だけでなく，「ゴールシーク」と呼ばれるツールを利用することで内部収益率の近似解を得ることができる．

4.2 配当割引モデル

4.2.1 配当割引モデルの概要

CAPMによれば個別証券の期待リターンは,

$$E[R_i] = r_f + \beta_i(E[R_M] - r_f)$$

のとおり市場ポートフォリオの超過リターン期待値に比例するものとして与えられる.

一方, i 証券の現在の株価を $P_{i,0}$, 1期間後の株価を $P_{i,1}$, 配当を $d_{i,1}$ とすると, 期待リターンは

$$E[R_{i,1}] = \frac{E[P_{i,1}] + E[d_{i,1}]}{P_{i,0}} - 1$$

となる. この2つの期待リターンが一致するとして現在株価の式を求めると,

$$P_{i,0} = \frac{E[P_{i,1}] + E[d_{i,1}]}{1 + r_f + \beta_i(E[R_M] - r_f)}$$

となる. すなわち, 現在の株価は1期間後の株価と配当に対する期待値合計を, リスクプレミアムを適切に反映した割引率で割り引いた現在価値になる.

それでは, 1期間後の株価 $P_{i,1}$ はどのように決まるのだろうか. もし, 将来にわたって現在と同じCAPMの式が成立すると仮定すれば, 同様に2期間後の株価 ($P_{i,2}$) と配当 ($d_{i,2}$) に対する期待値から計算できるはずである. この手続きを繰り返し適用すると, 以下のような配当割引モデル (dividends discount model：DDM) が得られる.

$$P_{i,0} = \frac{E[d_{i,1}]}{1 + r_e} + \frac{E[d_{i,2}]}{(1 + r_e)^2} + \cdots = \sum_{t=1}^{\infty} \frac{E[d_{i,t}]}{(1 + r_e)^t} \quad (4.4)$$

ただし, 割引率は $r_e = r_f + \beta_i(E[R_M] - r_f)$ とした.

4.2.2 配当割引モデルと期待リターンの関係

配当割引モデルによれば, 現在の株価 P は当該企業の将来配当 d_t の期待値を適当な割引率 r_e で割り引いた現在価値合計として定義された. ここで, 割引

率のみならず将来の期待配当が一定 $E[d_t] = D$ であると仮定すれば，(4.4) 式は等比数列の和になるので，

$$P = \frac{D}{r_e} \tag{4.5}$$

となる．ある単位期間における株式の投資収益率（R）は，株価変化（ΔP）と配当収入から $R = (\Delta P + D)/P$ であるが，Taylor 展開の 1 次近似によって，

$$R = \left(\frac{\Delta D}{D} - \frac{\Delta r_e}{r_e}\right) + \frac{D}{P} \tag{4.6}$$

のように，キャピタルゲインとインカムゲイン（配当利回り）に分けられ，さらにキャピタルゲイン部分は期待配当の変化率と期待資本コストの変化率に分解できる．つまり，キャピタルゲインは当該企業の将来配当（もしくはその源泉である将来利益）の期待に変化（ΔD）が生じた場合か，資本コストに変化（Δr_e）が生じた場合に生じるものとみなすことができる．ここで，配当および資本コスト期待値について積極的な見通し変化がない場合は，ΔD および Δr_e はともに 0 とすべきであり，その結果，期待リターンは，

$$R = \frac{D}{P} = r_e$$

のとおり配当利回りの部分のみとなり，これが株主資本コストに一致することになる．

実際の株式投資において，投資対象銘柄の相対的魅力度を測る基準として配当利回りや EPR（利益予想 E と株価の比率 E/P で与えられる指標）を参照することがあるが，配当性向を定数 δ とすると，

$$\frac{\delta E}{P} = \frac{D}{P} = r_e$$

のとおり表すことができるので，EPR もまた期待リターンの代理変数とみなすことができるからであろう．

4.3 残余利益モデル

4.3.1 残余利益モデルの概要

Edwards and Bell (1961) および Ohlson (1995) によって示された残余利益

モデルは,企業の株主資本および将来利益と株主資本コストの関係において株価が決まるというモデルである.近年,残余利益モデルは実際に観測可能な財務データを利用できるということもあり,多くの実証研究が報告されている.

Ohlson (1995) によれば,まず,d_t を t 期の配当として,配当割引モデルを以下のように与える.

$$V_t = \sum_{\tau=1}^{\infty} R_f^{-\tau} E_t[d_{t+\tau}] \tag{4.7}$$

ただし,リスク中立的経済を仮定し,割引関数 R_f はグロスのリスクフリーレート (=1+無リスク収益率) としている.また,株主資本の変化は損益計算を通してのみ達成されるというクリーンサープラス関係,

$$y_t - y_{t-1} = x_t - d_t \tag{4.8}$$

を仮定する.ここで y_t は株主資本価値,x_t は利益である.さらに,株主資本コストを上回る利益を超過利益 (abnormal return) として,$x_t^a = x_t - (R_f - 1)y_{t-1}$ のとおり定義する.これにより (4.8) 式から,

$$d_t = x_t^a - y_t + R_f y_{t-1}$$

が得られるので,これを (4.7) 式に代入すれば,

$$\begin{aligned} V_t &= \sum_{\tau=1}^{\infty} R_f^{-\tau} E_t[x_{t+\tau}^a - y_{t+\tau} + R_f y_{t-1+\tau}] \\ &= \sum_{\tau=1}^{\infty} R_f^{-\tau} \{E_t[x_{t+\tau}^a] - E_t[y_{t+\tau}] + R_f E_t[y_{t-1+\tau}]\} \\ &= y_t + \sum_{\tau=1}^{\infty} R_f^{-\tau} E_t[x_{t+\tau}^a] \end{aligned} \tag{4.9}$$

を得る.理論株価 V_t が発散しないために $E_t[x_{t+\tau}^a]/R_f^{\tau} = 0\ (\tau \to \infty)$ との条件を満足していることを仮定する.

4.3.2 残余利益モデルの応用について

残余利益モデルは,企業の株主資本および将来利益と**株主資本コストの関係**において理論株価が定まるとするモデルであるが,その実証研究は,CAPM な

どで決めた適当な株主資本コストに基づいて理論株価を計算するアプローチと，理論株価が実際の株価に一致するように株主資本コストを理論式から逆算するアプローチの2つに大別できる．

前者のアプローチは，M&Aの対象となっている企業の理論価値の推定や，株式投資における株価評価（実際の株価と理論株価の比較）の発見などに利用できるだろう．また，後者のアプローチで得られるインプライド資本コストは，非上場企業の理論株価を推計する場面など，株価評価に必要な株主資本コストを直接的に求められない場合に，類似上場企業について推定して代替値として利用したり，個別証券ごとの期待リターンの近似推定値として利用できるだろう．

実際に年金基金などの長期基本ポートフォリオ策定に必要な主要資産クラスの長期的期待リターンを推計するために，東証一部上場全銘柄の利益合計と時価総額の関係から，市場に反映されている平均的株主資本コストを求め，株式投資の期待リターン予想に利用するなどの応用も図られている．

しかし，残余利益モデルの計算に必要な将来長期間にわたる予想配当（もしくは予想利益）を合理的に見積もるのは簡単でない．利益予想に関する公開情報には，各企業が定期的に公表する決算予想や，証券会社のアナリストが随時発表するレポート，四半期ごとに更新される東洋経済の会社四季報や日本経済新聞社の会社情報などがある．しかし，こうした利益予想の多くは，当期と翌期決算の高々2期先の予想に限られているため，残余利益モデルへの入力データとしては十分でない．

そこで残余利益モデルを利用する場合には，最も遠い予想値がそのまま長期間にわたって継続するとしたり，あるいはROEが一定年限をかけて当該企業の属する業種グループの平均値（もしくは中央値）に収束するといった大胆なシナリオを仮定して予想することが多い．それにしても，長期的な利益もしくはROEの水準，さらにそれらが一定値に収束する速さなどについて適当に決めてしまうと，理論株価やインプライド株主資本コストの絶対的な水準に強く影響するので，銘柄横断的な比較が難しくなってしまう．そこで，それらをパラメータとする残余利益モデルを定式化して，理論株価と実際の株価の誤差合計を最小にするように決定する方法も提案されている（次節を参照）．

さらに，モデルの前提となるクリーンサープラス関係が成立していない企業

の問題，財務データやアナリストの予想データの信頼性の問題などについても併せて注意しなければならない．

4.4 残余利益モデルの事例

4.4.1 Frankel–Lee モデル

残余利益モデル (4.9) 式における超過利益は，その定義から，

$$x_t^a = \left\{ \frac{x_t}{y_{t-1}} - (R_f - 1) \right\} y_{t-1} \tag{4.10}$$

と書けるので，株主資本価値 y_t の期待値を B_t，x_t/y_{t-1} の期待値を ROE_t，またリスク回避的投資家の現実世界での投資を想定し，割引率としてリスクプレミアムを含む株主資本コスト r_e を仮定すれば，理論株価は次のように表すことができる．

$$V_0 = B_0 + \sum_{t=1}^{\infty} \frac{ROE_t - r_e}{(1+r_e)^t} B_{t-1} \tag{4.11}$$

Frankel and Lee (1998) は (4.11) 式を使って，以下のような方法により I/B/E/S の予想利益データを利用した残余利益モデルの実証分析を行っている．予想利益から求めた当期の期待 ROE を ROE_1，来期の期待 ROE を ROE_2 として，ROE_1 がそのまま継続すると仮定したモデルと，ROE_2 がそのまま継続すると仮定したモデル，

$$V_0^1 = B_0 + \frac{ROE_1 - r_e}{r_e} B_0 \tag{4.12}$$

$$V_0^2 = B_0 + \frac{ROE_1 - r_e}{1 + r_e} B_0 + \frac{ROE_2 - r_e}{(1+r_e)r_e} B_1 \tag{4.13}$$

を提案している．また，アナリスト予想が得られない来期以降については，ある T 年においてすべての企業の利益が当該企業が属する業種グループの中央値 (ROE_A) へ徐々に収束するシナリオ $\{ROE(\tau); \tau = 3, \ldots, T\}$ を作成し，

$$V_0^3 = B_0 + \frac{ROE_1 - r_e}{1 + r} B_0 + \frac{ROE_2 - r_e}{(1+r_e)^2} B_1$$

$$+ \sum_{\tau=3}^{T} \frac{ROE(\tau) - r_e}{(1+r_e)^\tau} B_{\tau-1} + \frac{ROE_A - r_e}{(1+r_e)^T r_e} B_T \tag{4.14}$$

というような拡張モデルも提案されている (Gebhardt et al. (2001) など). いずれのモデルにおいても，株主資本価値については，配当性向を一定 δ とした上で，クリーンサープラス関係：

$$B_{t+1} = B_t \left(1 + (1-\delta)ROE_{t+1}\right) \tag{4.15}$$

を仮定している[*2].

4.4.2 その他のモデル

諏訪部 (2004) では Frankel–Lee のモデルにおける株主資本利益率 (ROE) を次のような3つ構成要素 (バリュードライバー)，売上高税引後利益率，総資産回転率，株主資本比率に分解してモデル化している．

$$ROE = \frac{税引後利益}{売上高} \times \frac{売上高}{総資産} \div \frac{株主資本}{総資産}$$

ROE を構成する各ドライバーについては，当期末をアナリスト予想から作成し，それ以降は当期予想値からその業種中央値へと 30 年かけて収斂するモデルとしている．ただし，その収斂速度 κ は利益率のバリュードライバーごとに異なるものとしている．すなわち，ある t 期の各バリュードライバーを X_t とするとき，

$$X_{t+1} = \kappa(X_t - \bar{X}) + \bar{X}$$

としている．

また，乾 (2008) では，ROE の期待値について，金利の期間構造モデルとして知られている Nelson and Siegel (1987) のモデルで表現できる次のような期間構造を仮定している．

$$ROE(\tau) - ROE_0 + \left\{(ROE_0 - \overline{ROE}) + \Delta ROF_0\, \tau\right\} \exp(-\omega \tau) \tag{4.16}$$

ここで，パラメータは次のような解釈が可能である．

- ROE_0：現在の ROE

[*2] Frankel and Lee (1998) のモデルを応用したわが国の実証分析では，遅澤 (2002) が参考になる．

- ΔROE_0：ROE の短期的な成長率
- $\overline{ROE}$：漸近的に収束する長期的 ROE 水準(サステイナブル ROE)
- ω：技術やブランドの陳腐化によって ROE が低下する減衰率

この期待 ROE の期間構造の下で残余利益モデル(連続モデル表現)の理論株価を定式化し，サステイナブル ROE が業種ごとに一致するという条件の下でパラメータ推定を行う方法を提案している．

4.5 インプライドリターンの実証分析例

4.5.1 インプライドリターン推定のモデル

残余利益モデルの理論価値 V_0 が現在の株価に合致しているとした場合に得られる株主資本コスト (r_e) は，当該企業の株価が，その将来利益と現在の自己資本との関係で見て公正であるとみなしたときの株主資本コストであり，投資家が要求しているリスクプレミアムを反映した長期的な期待投資収益率であることから，ここではインプライドリターンと呼ぶことにする．

インプライドリターンの推計は，2 つの Frankel–Lee モデルに従って行う．すなわち，次式

$$\text{V1 モデル：} \quad V_0^1 = B_0 + \frac{ROE_1 - r_e}{r_e} B_0$$

$$\text{V2 モデル：} \quad V_0^2 = B_0 + \frac{ROE_1 - r_e}{1 + r_e} B_0 + \frac{ROE_2 - r_e}{(1 + r_e)r_e} B_1$$

において，理論株価 V_0^1 および V_0^2 が実際の株価に一致するような割引率 r_e がインプライドリターンである．

ただし，V1，V2 いずれのモデルにおいても，ROE の予想は高々 2 期先までしか利用できない．したがって，中長期的に利益成長が見込まれて価格付けされている株式であっても成長要因を分離してモデルに反映していないため，インプライドリターンが利益成長に見合う分だけ低く推定されることになる[*3)]．

[*3)] 配当割引モデル $P = D/r_e$ において配当成長率 (g) を考慮すると $P = D/(r_e - g)$ のとおり修正されることを本章の章末問題で示しているが，このモデルでインプライドリターン (ipr) とすると $ipr = r_e - g$ となってしまうため，何らかの外生的条件を追加しない限り，r_e と g を分離して推定できない．

逆に利益が中長期的に低減することが予想される企業については，インプライドリターンがその分だけ高く推定されることになる．これらのモデルで推定されるインプライドリターンにはこうした利益成長/減衰に関する効果が含まれることになるので，インプライドリターンの構成要因を各種リスクプレミアムに分解する場合に注意が必要である．

4.5.2 データ

第3章のマルチファクターモデルの結果と比較できるように，同じデータを使用して分析した．すなわち，金融（銀行・保険・証券）を除く東証一部上場銘柄で研究開発費が利用できる1998年6月から2009年2月までのデータを使用した．ただし，純資産株価倍率が10倍以上の銘柄，財務レバレッジが20倍以上の銘柄は異常値とみなし除外している．また，Frankel–Lee モデルでは当期末および来期末の利益予想を利用するが，予想される純利益がマイナス（赤字）の企業は除外することとした．また，推定したインプライドリターンが負になる銘柄と25%以上になる銘柄は異常値と判断し除外することとした．その結果採用された銘柄は1998年6月末で543銘柄，2008年6月末では810銘柄である．

4.5.3 推定結果

Frankel–Lee モデルの V_0^1 および V_0^2 で推定したインプライドリターンをそれぞれ ipr_FL1, ipr_FL2 とする．両者は毎月，個別銘柄ごとに推定することができる．参考として，武田薬品工業について推定したインプライドリターンと株価の時系列推移を図4.2に示した．

図を見ると，全般的には2つのインプライドリターンに大きな違いは認められないものの，2008年4月以降は大きく乖離している．これは当期決算の予想利益が大幅に減少したためV1モデルの入力データである当期ROE予想が15.1%から6.6%へと大幅に低下した一方で，V2モデルの入力データである来期決算の予想利益には大幅な修正はなく，ROE予想は15.8%から16.0%へとほぼ横ばいだったことが原因である．また，インプライドリターンと株価の関係を見ると，株価が低位（割安）にあるときにインプライドリターンが高い傾

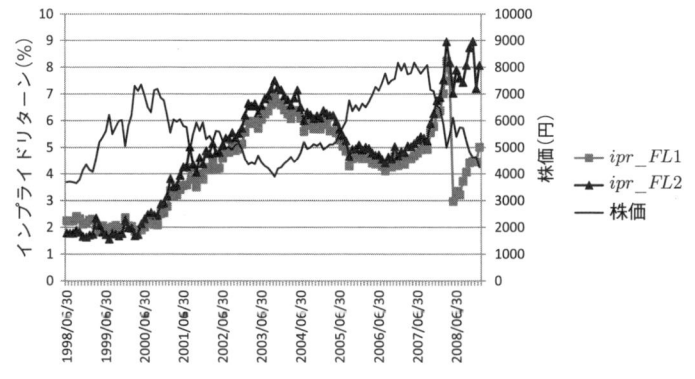

図 4.2 インプライドリターンと株価の推移（武田薬品工業）

向がある．インプライドリターンが株主資本コストを強く反映していることを考えると，両者が逆の動きを示すのは自然である．

インプライドリターンの性質を把握するために，代表的な企業の属性データとの関係を図 4.3 で確認しておこう．分析対象とした毎月の散布図をすべて示すことはできないので，2008 年 6 月末における ipr_FL2 について示す．代表的な企業属性としては，ヒストリカル β（$BETA$），対数時価総額（MKV），株主資本株価比率（BPR），Fama–French モデルの残差ファクター（RES），研究開発費ファクター（RD，過去 5 年間の平均研究開発費を連結総資産額で除した値），そして連結経常利益株価比率（EPR）の 6 つとした．

インプライドリターンと連結経常利益株価比率（EPR）がきわめて高い相関関係を示しているが，実は V1 モデルを変形することによって，

$$ipr\_FL1 = \frac{E_1}{B_0}$$

のとおりインプライドリターンと純利益株価比率が一致することに起因するものである．Frankel–Lee モデルのような単純な残余利益モデルを利用する場合には，こうした特徴について十分注意しておく必要があるだろう．

その他のファクターとの関係について傾きの符号を確認すると，ヒストリカル β と株主資本株価比率（割安/成長ファクター）についてはプラス，時価総額，残差ファクターおよび研究開発費ファクターについてはマイナスの傾向があることが確認できる．すなわち，β が大きいほど，株主資本に対して株価が

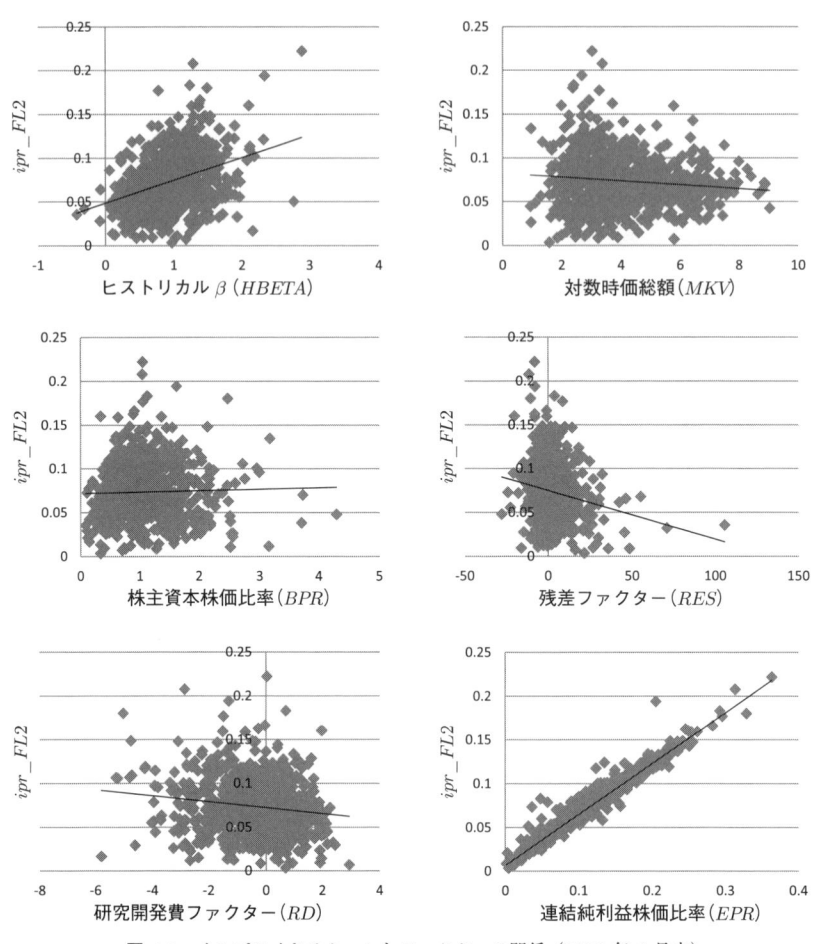

図 4.3 インプライドリターンとファクターの関係（2008 年 6 月末）

割安なほど，時価総額が小さいほど，前月に大きく値を下げた銘柄ほど，研究開発投資の少ない銘柄ほど，インプライドリターンが大きいということになる．インプライドリターンが株主資本コストという側面をもっているため，株式投資に伴うさまざまなリスク負担に対するリスクプレミアムを反映して決まっていることを思い出せば，これらの符号条件はおおよそ納得できるものである．

4.5.4 クロスセクション回帰モデル

個別銘柄の収益率に関するクロスセクション回帰モデルを 3.3 節で示したが，インプライドリターンも月次収益率と同様に，各証券について毎月計算することができるので，クロスセクション回帰によりインプライドリターンを説明するファクターの検証を行った．

回帰モデルは以下のとおりである．

- モデル 1：基本 3 ファクター

$$IPR_t(i) = \alpha + \beta^{BETA} BETA_t(i) + \beta^{MKV} MKV_t(i) + \beta^{BPR} BPR_t(i)$$

- モデル 2：基本 3 ファクター＋残差ファクター

$$IPR_t(i) = \alpha + \beta^{BETA} BETA_t(i) + \beta^{MKV} MKV_t(i) + \beta^{BPR} BPR_t(i) \\ + \beta^{RES} RES_t(i)$$

- モデル 3：基本 3 ファクター＋研究開発費ファクター

$$IPR_t(i) = \alpha + \beta^{BETA} BETA_t(i) + \beta^{MKV} MKV_t(i) + \beta^{BPR} BPR_t(i) \\ + \beta^{RD} RD_t(i)$$

- モデル 4：基本 3 ファクター＋残差ファクター＋研究開発費ファクター

$$IPR_t(i) = \alpha + \beta^{BETA} BETA_t(i) + \beta^{MKV} MKV_t(i) + \beta^{BPR} BPR_t(i) \\ + \beta^{RES} RES_t(i) + \beta^{RD} RD_t(i)$$

なお，被説明変数は V1 および V2 モデルで推定されたインプライドリターン，ipr_FL1 と ipr_FL2 の 2 つである．説明変数は，β ファクター ($BETA$)，時価総額ファクター (MKV)，割安/成長ファクター (BPR)，残差ファクター (RES)，研究開発費ファクター (RD) の 5 つであるが，その詳細は 3.3.1 項を参照してほしい．

なお，説明変数の各ファクターは平均を 0, 標準偏差を 1 に基準化された後，±3 を超える値は ±3 に修正して再び平均 0, 標準偏差 1 となるように基準化した．1998 年 7 月～2009 年 2 月の 128 カ月について，毎月，月末株価から求めた 2 種類のインプライドリターンを被説明変数として，月末で観測された各

ファクターを説明変数にクロスセクション回帰を実行し，各ファクターの説明力を評価するために得られた回帰係数（128 カ月分）について平均値の検定を行った．

4.5.5 クロスセクション回帰分析結果

a. Newey–West 修正

第 3 章のクロスセクション回帰で得られた回帰係数は系列相関が認められなかったので，得られた回帰係数は無作為標本であるとみなして平均値の検定を行った．しかし，ここで求めたインプライドリターンの回帰係数には強い系列相関が認められた．ipr_FL2 をモデル 1 で回帰した結果得られた回帰係数の時系列推移を図 4.4 に示したので参照してほしい．

このように，系列相関を示すサンプルに対して無作為標本を前提とする平均値の検定は正しい解釈を与えない可能性が高い．そのため，ここでは系列相関に対して頑健な t 検定が可能となる Newey–West 修正を適用してパラメータの分散を推定することとした[*4)]．すなわち，パラメータ推定値のラグを 3 期まで考慮した場合について一般化モーメント法（GMM）で Newey–West 修正後の t 値を推定した．推定結果は表 4.1 および表 4.2 に示したとおりである．

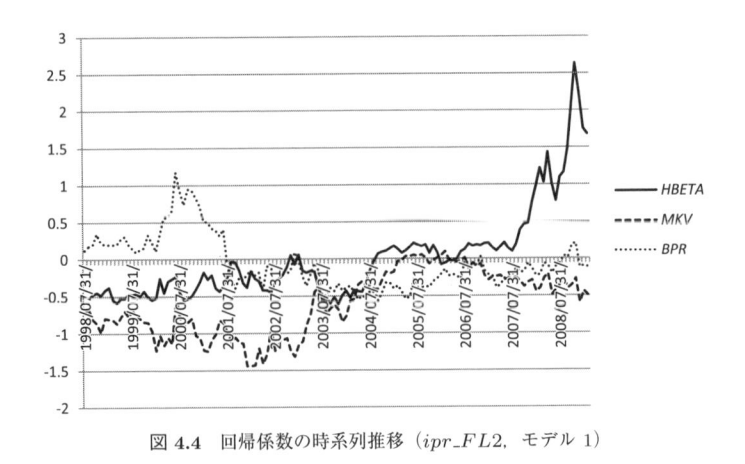

図 4.4 回帰係数の時系列推移（ipr_FL2，モデル 1）

[*4)] Newey–West 修正の方法については Greene (2011) などに説明がある．本書の計算は SAS の "model" プロシージャに用意されている GMM 推定を使う修正方法に従った．

4.5 インプライドリターンの実証分析例

表 4.1 回帰係数の平均値と検定（V1 モデル：被説明変数は ipr_FL1）

	BETA	MKV	β BPR	RES	RD	決定係数
モデル 1						0.082
平均	−0.117	−0.507	0.020			
t 値	−1.085	−7.124	0.382			
p 値	0.280	0.000	0.703			
モデル 2						0.092
平均	−0.120	−0.507	−0.004	−0.175		
t 値	−1.095	−7.174	−0.075	−5.712		
p 値	0.276	0.000	0.940	0.000		
モデル 3						0.108
平均	−0.109	−0.411	−0.059		−0.446	
t 値	−1.035	−5.889	−1.116		−24.046	
p 値	0.302	0.000	0.266		0	
モデル 4						0.117
平均	−0.111	−0.412	−0.082	−0.184	−0.445	
t 値	−1.047	−5.933	−1.585	−6.043	−23.445	
p 値	0.297	0.000	0.115	0.000	0.000	

表 4.2 回帰係数の平均値と検定（V2 モデル：被説明変数は ipr_FL2）

	BETA	MKV	β BPR	RES	RD	決定係数
モデル 1						0.092
平均	0.003	−0.602	−0.060			
t 値	0.029	−8.251	−0.980			
p 値	0.977	0.000	0.329			
モデル 2						0.103
平均	−0.003	−0.601	−0.083	−0.186		
t 値	−0.026	−8.288	−1.368	−5.653		
p 値	0.979	0.000	0.174	0.000		
モデル 3						0.117
平均	0.013	−0.504	−0.140		−0.451	
t 値	0.131	−7.067	−2.253		−24.751	
p 値	0.896	0.000	0.026		0.000	
モデル 4						0.127
平均	0.007	−0.504	−0.163	−0.194	−0.451	
t 値	0.074	−7.092	−2.646	−5.990	−24.848	
p 値	0.941	0.000	0.009	0.000	0.000	

b. 回帰係数の符号条件

インプライドリターンの回帰分析結果について期待される回帰係数の符号条件は，β ファクター（$BETA$）はプラス，時価総額ファクター（MKV）と残差ファクター（RES）および研究開発費ファクター（RD）はマイナスである．しかし割安/成長ファクター（BPR）については，資本コスト要因が支配的であればマイナス，利益成長要因が支配的であればプラスが期待されるので，単純な符号条件を想定することは難しい．たとえば，BPR（＝一株あたり株主資本/株価）が高い銘柄は資本に比べて株価が相対的に低い銘柄であるため，「割安」であると判断できるかもしれないが，同時に資本コストに比べて利益が少ない，いわゆる「クズ株」かもしれない．逆に BPR が低い銘柄は「割高」かもしれないが資本コストよりも高利回りが期待できる「高成長株」である可能性も高い．このように，BPR は当該企業の成長性と資本コスト（リスクに応じたプレミアム）の2つの要因の相対的な関係性を反映しているため，符号条件を簡単に決められない．

c. 推定結果

さて，推定結果を概観しよう．まず2つのモデルで推定したインプライドリターンに関する推定結果を比較してみると，若干異なる傾向が見られるようである．

まず，β ファクター（$BETA$）について比較しよう．表 4.1，すなわち，V1 モデルで推定したインプライドリターン ipr_FL1 を被説明変数とする場合は，回帰モデルに関係なくすべて負値になっているが，帰無仮説を棄却できるほど有意な推定値になっていない．一方，表 4.2，すなわち，V2 モデルで推定したインプライドリターン ipr_FL2 を被説明変数とする場合は，回帰係数の符号はモデルによって異なり，いずれも帰無仮説を棄却できない結果となっている．

次に，時価総額ファクター（MKV）と残差ファクター（RES）および研究開発費ファクター（RD）について比較しよう．これら3つのファクターについては，被説明変数の違いにかかわらず（表 4.1 と表 4.2 ともに），いずれのモデルにおいても 1% の有意水準で帰無仮説を棄却する結果となっており，これらファクターの説明力が相対的に強い事実を裏づける結果となっている．

最後に，割安/成長ファクター（BPR）を比較してみよう．表 4.1 ではいず

れのモデルにおいても帰無仮説を棄却できない結果となっているが，表 4.2 ではモデル 1 と 2 では帰無仮説を棄却できないものの，モデル 3 では 5% 有意水準で，モデル 4 では 1% 有意水準で帰無仮説を棄却している．分析に先立って，インプライドリターンにはリスクに応じて決まるプレミアムと，将来の利益成長期待を反映して決まる「負のリスクプレミアム」が混在しており，割安/成長ファクター（BPR）の回帰係数にはその 2 つの効果が現れるため，単純な符号条件を想定できないと説明した．この観点から推定結果を解釈しなおすと，研究開発費ファクター（RD）を説明変数として採用したモデルは，そうでないモデルに比べて回帰係数の t 値が増加しており，V2 モデル（表 4.2）においては，有意な負値として推定されるようになっている．したがって，研究開発費ファクター（RD）が期待成長要因を効率的に吸収したことによって，割安/成長ファクター（BPR）と資本コストの関係が明確に現れたものと理解できるだろう．この効果はさらに残差ファクター（RES）を追加したモデル 4 においても大きく変化せず安定しているようである．

d.　株価リターンとインプライドリターンの比較

表 4.2 のモデル 4 において係数の絶対値を比較すると，インプライドリターンの平均的な構成要因は，時価総額ファクター，研究開発費ファクター，残差ファクター（オーバーリアクション），割安/成長ファクターの順に小さくなっていて，符号はいずれも負値である．一方，株価リターンを被説明変数とする表 3.4 のモデル 4 では，割安/成長ファクター（＋），残差ファクター（−），研究開発費ファクター（＋）の順に小さくなっていて，割安成長ファクターの符号がインプライドリターンとは逆に＋となっているところが興味深い．インプライドリターンは株主資本コスト（＝要求利回り）という性格が強いことから，長期的な期待リターンを表していると解釈すると，この 2 つのクロスセクション回帰の結果，割安/成長ファクター（BPR）は長期的には収益率と負の関係があるものの，短期的には正の関係があるという関係が示唆される．Lakonishok et al. (1994) が指摘したように，Fama–French モデルにおける HML ファクター（BPR によるスプレッドリターン）が過剰反応の代理変数であるという見方があるが，この結果はそれと整合的であるといえるだろう．

4.5.6 分位ポートフォリオ分析

インプライドリターンは各種リスクプレミアムを反映した株主資本コストの推計値で，リスクの代理変数であるファクターを説明変数とする回帰分析によって，リスク要因ごとのプレミアムに分解できるとする．このとき，回帰分析の結果として個別銘柄ごとに決まる残差は，リスク要因プレミアムとして合理的に説明できない乖離（ミスプライス）と理解する．したがって，残差が大きく0から乖離した場合には時間とともに修正されると予想できるので，これを個別株式の割高・割安を判定する基準とみなし，割安をロング，割高をショートとする場合の運用パフォーマンスを検証することで，インプライドリターンによる株価予測の可能性を評価する．

a. シミュレーションの方法

具体的には4.4節のクロスセクション回帰で採用した5ファクターモデル（β，時価総額，割安/成長，残差，研究開発費ファクター）に東証17業種分類のダミー（ただし金融関連2業種と業種の構成銘柄数が少ない電力・ガス，運輸物流，不動産の3業種を除く）変数を追加したモデルにより2つのインプライドリターン ipr_FL1 と ipr_FL2 を回帰し，得られた残差をそれぞれ res_FL1 と res_FL2 とした．

分位ポートフォリオの作成方法は，当該ファクターによって東証17業種分類ごとに銘柄を10分位にランキングし，業種構成が相似になるように10個の分位ポートフォリオの銘柄選択を行う．ただし，各業種の構成銘柄が10で割り切れない場合には，第1分位と第10分位ポートフォリオの構成銘柄が等しくなるように適宜調整する．

b. シミュレーション結果

作成した10分位ポートフォリオについて月次パフォーマンスを等ウェイト（単純平均）で計算し，第1分位ポートフォリオと第10分位ポートフォリオのスプレッドリターンを求める．1998年7月〜2008年12月において，毎月新たに構築した分位ポートフォリオのスプレッドリターンを求め，その平均値，標準偏差，さらにドローダウンやターンオーバー（売買回転率）などについて表4.3に示した．また，累積リターンをグラフで表したものが図4.5である．ただし，ここでは取引コストを考慮していない．

表 4.3 シミュレーション結果（取引コストなし）

	ipr_FL1	ipr_FL2	res_FL1	res_FL2
全期間 (98-08)				
平均（年率）	15.09	16.67	15.64	18.01
標準偏差（年率）	9.38	9.99	8.23	7.96
インフォメーションレシオ	1.61	1.67	1.90	2.26
勝率	67%	70%	69%	75%
全期間				
単月最大	7.3	9.0	7.0	8.0
単月最小	−6.7	−7.1	−4.5	−4.8
6 カ月ドローダウン	−10.2	−16.1	−6.6	−9.9
12 カ月ドローダウン	−9.8	−10.1	−6.7	−7.0
月次ターンオーバー	21%	22%	22%	23%
平均銘柄数	68	68	68	68

平均は月次平均値を 12 倍に，標準偏差（年率）は月次標準偏差を $\sqrt{12}$ 倍にして求めた．
インフォメーションレシオは，「平均（年率）/標準偏差（年率）」で計算．
6 カ月ドローダウンは連続する 6 カ月の累計リターンの最小値．12 カ月ドローダウンも同様．
平均銘柄数は第 1 および第 10 分位ポートフォリオの 98〜08 年の平均銘柄数．

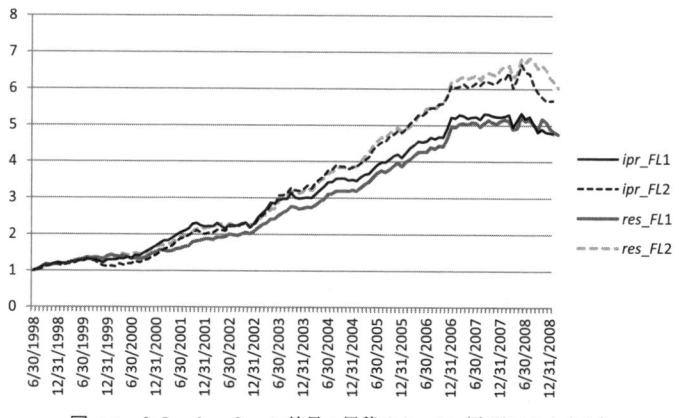

図 4.5 シミュレーション結果：累積リターン（取引コストなし）

リターンの平均やインフォメーションレシオ (IR) で見ると，$ipr\_FL1 < res\_FL1 < ipr\_FL2 < res\_FL2$ の順に良好な結果を示しているので，総合的には V2 モデルが V1 モデルよりも優れているといえそうである．ただし，ドローダウンや売買回転率については V2 モデルの数字が悪いところがあるので，（ここでは言及しないが）その原因を考えることも重要だろう．また，第 3 章の収益率を被説明変数とするクロスセクション回帰モデルのシミュレーション結

果(表 3.7)と比較すると,こちらのほうがリターンの平均値のみならず,その他の指標においても良好である.

インプライドリターンとその回帰残差を比較すると,インプライドリターン自体に株価の予測力があるが,リスクを調整することによってその精度が高まると解釈できる.インフォメーションレシオやドローダウンなどのリスク関連指標においても,インプライドリターン自体よりもリスク調整後の乖離である残差のほうが優れた結果を示している.とくにインフォメーションレシオが 2.0 を超えている点は注目に値する.

サブプライムローン問題の影響のため,2008 年以降のパフォーマンスの落ち込みが目立つものの,全般的に安定したパフォーマンスを上げているだけではなく,月次売買回転率は 20%強にとどまっており,より現実的なユニバースや売買条件のもとで調整することによって,実際の投資へ応用できる可能性は十分あると思われる.表 4.4 に片道 0.5%の取引コストを仮定したシミュレーション結果について示したので参考としてほしい.

表 4.4 シミュレーション結果(取引コスト:片道 0.5%)

	ipr_FL1	ipr_FL2	res_FL1	res_FL2
全期間 (98-08)				
平均(年率)	12.52	14.02	12.96	15.20
標準偏差(年率)	9.38	9.99	8.23	7.96
インフォメーションレシオ	1.34	1.40	1.57	1.91
勝率	62%	68%	66%	74%
全期間				
単月最大	7.1	8.7	6.7	7.8
単月最小	−6.9	−7.3	−4.7	−5.0
6 カ月ドローダウン	−11.5	−17.4	−8.0	−11.3
12 カ月ドローダウン	−12.4	−12.7	−9.4	−9.8
月次ターンオーバー	21%	22%	22%	23%
平均銘柄数	68	68	68	68

平均は月次平均値を 12 倍に,標準偏差(年率)は月次標準偏差を $\sqrt{12}$ 倍にして求めた.
インフォメーションレシオは,「平均(年率)/標準偏差(年率)」で計算.
6 カ月ドローダウンは連続する 6 カ月の累計リターンの最小値.12 カ月ドローダウンも同様.
平均銘柄数は第 1 および第 10 分位ポートフォリオの 98〜08 年の平均銘柄数.

章 末 問 題

問題 4.1 自然対数の底 e ($= 2.718282\cdots$) は次式のとおり表すことができる.
$$e = \lim_{n \to \infty} \left(1 + \frac{1}{n}\right)^n$$
これを使って連続複利の式を導出せよ.

問題 4.2 等比数列の和の公式を使って, (4.5) 式を導出せよ. また, DDM モデルを配当が毎年 d の割合 (ただし $0 < d < r_e$) で増加する場合 (Gordon モデル) についても同様に計算せよ.

問題 4.3 (4.6) 式を導出せよ.

問題 4.4 用意した Excel ファイル (A04_04.xls) を利用して, (4.17) 式によりインプライドリターンを推定せよ.
〈ヒント〉 最初にインプライドリターンの初期値を適当に与えて理論株価を計算し, その理論株価と実際の株価が一致するようにインプライドリターンを修正すればよい. Excel の「ゴールシーク」を利用すれば両者が一致するようなインプライドリターンを簡単に決定できる.

5

金利の期間構造モデル

　確定利付証券の価格は，その資産が将来にわたってもたらすすべてのキャッシュフローを適切な割引率で現在価値に割り引いた合計として決まる．適切な割引率をある1つの確定値として単純化して扱うことがあるが，現実的には割引対象の年限に応じて決まる期間構造を考える必要がある．金利の期間構造は取引されている債券価格から逆算して求められるが，債券価格が日々変動する結果，金利の期間構造も日々変動することになる．

　以下では，最初に金利の期間構造についての基本的事項を確認した上で，ある時点で観察される債券（国債）価格から金利の期間構造を推計する方法を確認し，その後，期間構造の変動のモデル化について実証分析結果と併せて紹介する．

5.1　金利と期間構造とは

5.1.1　いろいろな金利

a.　ゼロイールド

　満期時点が T で額面が $F=1$ である割引債の t 時点における価格 $v(t,T)$ は，利回りを y とするとき連続複利の計算によれば次のようになる．

$$v(t,T) = e^{-y(T-t)}$$

上の y は割引債（ゼロクーポン債）の利回り（イールド）であることからゼロイールドと呼ばれる．ゼロイールドは割引債の満期 T に依存して決まる割引利率なので，改めて $y = Y(t,T)$ とすれば，次のように書くことができる．

$$Y(t,T) = -\frac{\log v(t,T)}{T-t}$$

b. フォワードイールド

フォワードイールド $F(t,T,\tau)$ は，t 時点において取引されている複数の割引債の関係によって決まる将来の T から $\tau(>T)$ までのゼロイールドである．フォワードイールドは次のとおり計算できる．t 時点で取引可能な満期の異なる2つの割引債 $v(t,T)$ と $v(t,\tau)$ ($\tau>T$) があるとする．もし，T で購入できる満期が τ の割引債 $v(T,\tau)$ が存在して t で取引できるならば，これらの割引債を使った τ までの2つの投資プラン：

(1) t において $v(t,\tau)$ を購入し τ で額面償還金の F を得る．

(2) t において $v(t,T)$ を購入し T で償還された金額をそのまま $v(T,\tau)$ に再投資し τ で額面償還金の F を得る．

は，いずれも τ で同じ償還金額 F を確実に得るプランなので，それらの現在の価格は等しくなるはずである．その結果フォワードレートは次のように決まる．

$$v(t,T)v(T,\tau) = v(t,\tau)$$
$$\Rightarrow v(T,\tau) = e^{-F(t,T,\tau)(\tau-T)} = v(t,\tau)/v(t,T)$$
$$\Rightarrow F(t,T,\tau) = -\frac{1}{\tau-T}\log\frac{v(t,\tau)}{v(t,T)}$$

同じことであるが，ゼロイールドに関する式で表すと次のようになる．

$$v(t,T)v(T,\tau) = v(t,\tau)$$
$$\Rightarrow e^{-Y(t,T)(T-t)}e^{-F(t,T,\tau)(\tau-T)} = e^{-Y(t,\tau)(\tau-t)}$$
$$\Rightarrow F(t,T,\tau) = \frac{Y(t,\tau)(\tau-t) - Y(t,T)(T-t)}{\tau-T}$$

問 5.1 上の2つの投資プランの現在価値が一致しない場合，どのような投資戦略が合理的だろうか．ただし，取引コストや税金はなく，空売りも可能で，売買における流動性は十分あるとして考えよ．また，そのような取引機会を狙う投資家が多数存在するとき，現在の価格がどうなるか考えよ．

c. スポットレート

スポットレートは，t 時点における瞬間の利回りで，ゼロイールドの極限として次のように決められる．

$$r(t) = \lim_{T \to t} Y(t,T) = \lim_{T \to t} \left\{ -\frac{\log v(t,T)}{T-t} \right\}$$

ここで $\log v(t,t) = 0$ であることから右辺分子で省略されているとすれば，これは微分の定義に一致しているので，$\log v(t,T)$ が T で微分可能であるとして，

$$r(t) = -\left.\frac{\partial}{\partial T} \log v(t,T)\right|_{T=t}$$

とできる．スポットレートは瞬間の金利なので実際に取引されている債券から直接求められないが，逆にスポットレートが従う確率過程を最初に仮定してから，ゼロイールドや割引債価格の理論式を導出して応用すると，デリバティブ価格評価などが容易になることから，重要な概念的金利として位置づけられている．

d. フォワードレート

フォワードレートは，将来時点 T における瞬間の利回りであり，フォワードイールドの極限として次のように決められる．

$$\begin{aligned}f(t,T) &= \lim_{\tau \to T} F(t,T,\tau) \\ &= \lim_{\tau \to T} \left\{ -\frac{\log v(t,\tau) - \log v(t,T)}{\tau - T} \right\} = -\frac{\partial}{\partial T} \log v(t,T)\end{aligned}$$

したがって，フォワードレートの将来時刻 T を現時点 t にすればスポットレートに一致する．

$$f(t,t) = r(t)$$

スポットレートとフォワードレートは瞬間的な金利で，ゼロイールドとフォワードイールドはある期間における平均的利回りである．一般に「レート」という場合は瞬間の金利，「イールド」という場合はある期間の平均的な利回りの意味で使い分けることが多いが，離散モデルで「瞬間」と「1期間」の解釈が重複することもあるため，区別せずに用いられることもある．厳密に使い分けられているわけではない．

e. ディスカウントファクター

ディスカウントファクターは，将来 T の確定的キャッシュフローにかけることで現在 t における価格を与えるファクターのことである．任意の満期の割

引債が存在すれば，ディスカウントファクターは額面 1 の割引債価格と同じである．
$$d(t,T) = e^{-Y(t,T)(t-T)} = v(t,T)$$

5.1.2 金利の期間構造

銀行の定期預金などは，半年，1 年，2 年など満期に応じて異なる金利が設定されている．債券市場を見ても満期年限に応じて異なる利回りになるのは一般的である．割引債券価格から求められるゼロイールド $Y(t,T)$ は，観測時点を t を止めて満期 T の関数として見れば期間構造を表現しているのである．

$$Y_t(T) = Y(t,T), \quad T \in [t,\tau]$$

このような期間構造が生じる理論的説明として代表的なものは次のとおりである．

- 純粋期待仮説：
 投資家の将来金利予想の総意として年限によって異なる金利が生じる．
- 流動性選好仮説：
 投資利回りが同じなら投資期間が短いほうを好むはずなので，実際には長期の投資にはプレミアムが上乗せされる．
- 市場分断仮説：
 同じ債券市場でも長期と短期では異なる需給ニーズのある投資家が活動しているため価格形成も異なる結果，金利に相違が生じる．

また，先物と現物決済可能な債券の利回り格差など，個別の事情なども期間構造の形成に影響している．

5.2 金利の期間構造の推計

5.2.1 期間構造の推定方法

債券市場ではゼロイールドやフォワードイールドが直接売買されているわけではない．金利の期間構造は，複数の債券価格から計算により求められるのである．しかし，必ずしも取引されているすべての債券価格を完全に説明できる金

利の期間構造が推定できるわけではない．債券価格には，債券固有の属性（クーポンの水準，満期の長さ，発行額など）が価格に影響すること（節税効果，流動性効果などとして説明されることがある）が知られており，同じ満期の債券でも価格に差異が生じることがある．

そこで，実際には取引されている債券全体をできるだけうまく説明できるような，平均的な期間構造を推定することになるが，最小にすべき誤差の定義や優先すべき期間構造の特徴などの違いによって推定方法は複数存在する．ただし，大別すれば主に次の2つのアプローチに分けることができる．

- 逐次計算法（ブートストラップ法）:
  満期年限が短い債券（もしくはスワップレート）からゼロイールドを計算し，その計算結果を利用して逐次的に満期の長いゼロイールドを求める方法．
- カーブフィッティング法:
  すべての債券価格を正確に与える期間構造を求めることはできないので，i 債券の市場価格（P_i^M）と期間構造モデルから得られる理論価格（P_i^T）の誤差合計ができるだけ小さくなるようにゼロイールドの関数 $g(t;\theta)$ のパラメータ θ を求める方法．

$$\min_{\theta} \epsilon^2 = \sum_{i=1}^{N} w_i (P_i^M - P_i^T)^2$$
$$\text{subject to} \quad P_i^T = P_i^T(Y(0,\tau)), \quad \tau \in (0,T], \, Y(0,\tau) = g(\tau;\theta)$$

ただし，w_i は適当なウェイトである．

カーブフィッティング法の具体例としては，ディスカウントファクターに2次もしくは3次のスプライン関数（McCulloch 法）で近似する方法が最初に提案されたが，ディスカウントファクターが単調減少にならない，フォワードイールドの凹凸が激しくなってしまう，といった金利期間構造として望ましくない現象が観察され，その後，指数スプライン関数（Vasicek–Fong 法）で近似する方法や，フォワードレートに階段関数を仮定する方法（Houglet 法）などが提案されてきた[*1]．

[*1] その他にも各種方法があるが，今野（1995）には Carleton–Cooper 法（改良版）の詳細が紹介されている．

a.　Nelson–Siegel モデル

カーブフィッティング法の中では，シンプルでありながら期間構造形状をうまく表現でき，フォワードやゼロイールドが負値にならずディスカウントファクターの単調性が保証できるなどの整合性を備えていることから，広く実証で利用されているものとして Nelson and Siegel (1987) の方法がある．これは現在のフォワードレート $f(0, T)$ を水平，勾配，曲率の3つの因子の線形結合で表現するモデルである．

$$f(0, m) = \begin{pmatrix} \beta_0 & \beta_1 & \beta_2 \end{pmatrix} \begin{pmatrix} 1 \\ e^{-m/\tau} \\ \frac{m}{\tau} e^{-m/\tau} \end{pmatrix} \tag{5.1}$$

パラメータは $\beta_0, \beta_1, \beta_2$ および τ の4つであるが，τ は曲率（単峰形）のピーク年限に対応する形状パラメータである．さて，ゼロイールド $Y(0, m)$ は

$$Y(0, m) = \frac{1}{m} \int_0^m f(0, u) du$$

のとおり計算できるので，(5.1) 式から次式を計算できる．

$$Y(0, m) = \begin{pmatrix} \beta_0 & \beta_1 & \beta_2 \end{pmatrix} \begin{pmatrix} 1 \\ \frac{\tau}{m} - \frac{\tau}{m} e^{-m/\tau} \\ \frac{\tau}{m} - \frac{\tau}{m} e^{-m/\tau} - e^{-m/\tau} \end{pmatrix} \tag{5.2}$$

すなわち，Nelson–Siegel モデルはフォワードのみならずゼロイールドもまた平行，勾配，曲率の要因に対応する3つの項 $(1, e^{-m/\tau}, \frac{\tau}{m} e^{-m/\tau})$ の線形結合で表すことができるのである．したがって，Nelson–Siegel モデルは期間構造を3つの要因に分解して推定できるため，推定されたパラメータの経時的変動とマクロ経済変数などとの関係性を調べる目的などにも利用されている（藤井・高岡（2008）など）．

5.2.2　期間構造の推定事例

参考としてわが国の国債から推定した金利期間構造を示そう．

国債の価格データは日本証券業協会のウェブサイトからダウンロードできる店頭売買参考統計を利用した．同データは公社債の店頭売買を行う証券会社か

ら集計したデータであり，債券の属性（償還日，利率，利払い日など）と，売買単価や複利利回りなど価格情報の平均値や標準偏差，最大・最小値などを収録している．このデータはあくまでも参考価格であり現実の取引価格ではない．また，ビッド・アスクの気配値なども含まれていない[*2)]．

推定は逐次計算法で行った．具体的には，Matlab（Financial toolbox）のzbtprice関数を利用した．zbtpriceは逐次計算法により，満期の異なる複数の利付債券価格に整合的なゼロイールドを推定するための関数である[*3)]．こうした金融問題専用の関数を用意しているソフトウェアは多く，近年，学術論文などにおいても，こうした関数を利用して分析の一部を簡略化することも増えている．

結果は図5.1に示した．2006年9月～2011年3月の月末における国債価格データから推定した，満期1～30年のゼロイールドである．推定にあたっては，高クーポンで発行されたが残存期間が短い超長期国債は対象から除外した．理

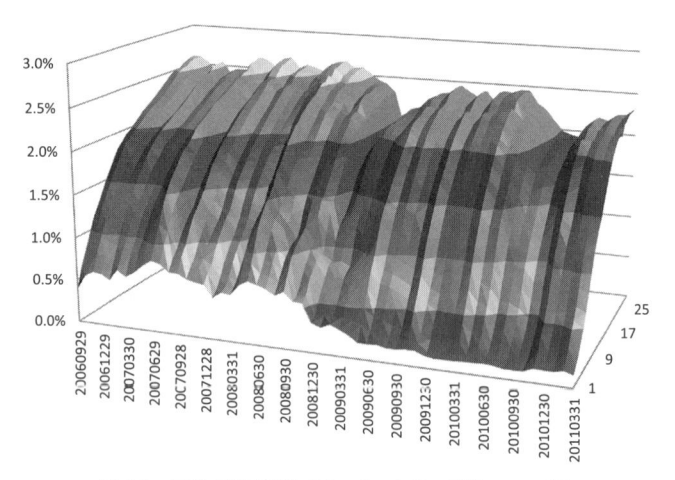

図 5.1　国債の期間構造（ゼロイールド：満期1～30年）

[*2)] http://market.jsda.or.jp/html/saiken/kehai/downloadInput.php からダウンロードできる．2011年3月末のデータファイルには6932銘柄のレコードが格納されており，その内訳は，国債が767銘柄，地方債が2011銘柄，公営企業債が1462銘柄，金融債が307銘柄，一般事業債が2322銘柄，その他63銘柄となっている．また，当該債券価格を提示している証券会社数については，国債で平均13.5社，社債については平均7.4社であった．

[*3)] 詳細はMathWorksのウェブサイトを参照してほしい．

由は，国債価格にはクーポン効果（高クーポン銘柄が割安になる現象）があることが知られており，クーポン効果を調整しないと期間構造にバイアスが生じる懸念があることから，単純に除外することとした．2008年のリーマンショックやギリシャ危機が懸念された時期に，短期金利や超長期ゾーンの金利が低下する様子が観察できるだろう．

5.3 スワップレートによる期間構造の推定

前節ではソフトウェアに用意されている関数を使って，国債価格から簡便的に推定した期間構造を示したが，これを独自にプログラミングして実行しようとすれば，個別銘柄のクーポンや償還のキャッシュフロー生成や経過利息の計算，さらに最終的には誤差最小化のための最適化計算も必要になるため手続きは煩雑であり，Excelなどで実装するのは簡単でない．

以下では比較的簡単に金利期間構造を計算できる，金利スワップを利用する方法を紹介する[*4]．

5.3.1 金利スワップとは

最初に，金利スワップの概要について簡単に説明しよう．

一般的にスワップとは「当事者間の合意に基づいて，あらかじめ定められた契約条件の下で，キャッシュフローを交換する取引」である．金利スワップとは，同一の通貨で異なる金利のキャッシュフローを交換する契約である．最も一般的な金利スワップは「固定金利」と「変動金利」を交換するスワップである．元本の交換は伴わないことに注意しよう．

金利スワップでは，通常，変動金利はLIBOR（London Interbank Offered Rate，ロンドン銀行間貸出金利）とされ，LIBORと交換される固定金利がスワップレートである．スワップレートは1年から10年の毎年，それ以上は代表的な年限について最長で30年から40年に至るまで取引されている．たとえば，2005年5月17日の円–円スワップ市場（円の固定と変動を交換するスワッ

[*4] もちろん，国債から得られる期間構造とスワップから得られる期間構造には根本的な信用リスクの違いがあるが，スワップの期間構造は金利デリバティブ評価の基準となる重要な金利である．

プを円–円スワップと呼ぶ）では，次のようなレートが提示されていた．
- 2 年物 0.18–0.14%
- 3 年物 0.30–0.26%
- 4 年物 0.44–0.40%
- 5 年物 0.59–0.55%
- 7 年物 0.93–0.89%
- 10 年物 1.38–1.34%

これは，「2 年のスワップであれば，0.18%の固定金利受け手になってもいい」という金融機関と，「0.14%ならば固定金利の出し手になってもいい」という金融機関がいることを意味している．円–円スワップ市場では銀行以外にも機関投資家や事業法人なども参加しているが，実際の取引はスワップブローカーを通して行われている．

5.3.2 金利スワップのキャッシュフロー

スワップでは，金利（利息部分）の交換が行われるだけで元本の移動はないが，金利計算のために定められた名目上の元本を想定元本と呼ぶ．たとえば，X 社と Y 社が図 5.2 のような金利スワップ契約を取り交わしたとする．想定元本は 10 億円，満期は 2 年とする．仮に，半年ごとの LIBOR 金利が表 5.1 のとおりに推移した場合，X の支払いと受け取り，および差金決済のキャッシュフ

図 5.2 金利スワップの例

表 5.1 想定元本 10 億円，満期 2 年のスワップキャッシュフロー（単位：万円）

期日	LIBOR	X 社の支払い	X 社の受け取り	差金決済
契約日	1.6%			
半年後	1.5%	800$^{(*)}$	750	−50
1 年後	1.4%	750	750	0
1.5 年後	1.2%	700	750	+50
2 年後（満期）	1.2%	600	750	+150

* : 10 億 × 1.6% × 1/2 = 800 万円．

ローを示した.

5.3.3 金利スワップの利用目的

a. 金利の変換

2つの取引主体 X と Y が図 5.2 のようなスワップ契約を締結するケースを考える. たとえば, すでに X が銀行から固定金利の資金調達をしているものとしよう. もし X が市場金利の下落が確実であると予想しているのであれば, 今の調達金利を変動に変えて, 金利下落による利益（コスト削減）を享受したいと考えるかもしれない. そこに固定を変動に変換するスワップ契約を結ぶニーズが生まれる.

一方, Y は金利見通しについて X とは異なる見解をもっていると考えることもできるし, リスク管理上のニーズからスワップ契約を締結するという状況もありうる. たとえば, Y は変動金利の調達残高が多すぎて過大な金利変動リスクに晒されていることを懸念していて, スワップによって変動金利の固定化を図りたいと考えるかもしれない.

単純な例ではあるが, このような固定と変動のキャッシュフローを変換したいニーズを満たすためにスワップが利用される.

b. 資金調達コストの削減

一般に, 企業などが銀行借入をする場合, その信用力に応じて調達金利に上乗せが求められるが, 調達方法によって上乗せ金利に違いが現れることがある. たとえば, 信用力の低い企業は短期よりも長期資金の調達が難しいため, 相対的に長期金利が高くなる傾向がある. 短期変動で調達する場合と長期固定で調達するときの上乗せ金利に違いがあれば, その比較優位を利用したスワップ契約を組むことで, コスト削減が可能になるケースがあるという. 具体的に見てみよう.

たとえば, X と Y の2つの企業の調達金利が次のようになっている場合を考えよう.

- X：格付 AA. 固定金利 3.0%, 変動金利 LIBOR+0.1%で調達可能.
- Y：格付 BBB. 固定金利 4.5%, 変動金利 LIBOR+1.0%で調達可能.

X は固定・変動のいずれにおいても Y よりも有利な調達が可能であるが, 相対

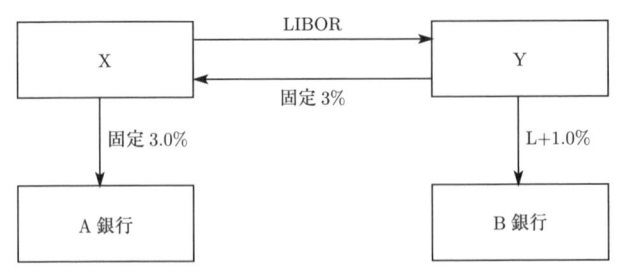

```
        ┌─────┐   LIBOR    ┌─────┐
        │  X  │ ─────────→ │  Y  │
        │     │ ←───────── │     │
        └─────┘   固定 3%   └─────┘
           │固定 3.0%           │L+1.0%
           ↓                    ↓
        ┌─────┐              ┌─────┐
        │A 銀行│              │B 銀行│
        └─────┘              └─────┘
```

図 **5.3** 金利スワップの例

的な差に注目すると，固定の 1.5% に対して変動では 0.9% の差しかない．すなわち，X は固定で，Y は変動で比較優位になっている．

今，X が変動で Y が固定で資金調達を行いたいと考えているものとする．両者がそのまま調達すれば，それぞれ上で示したとおりの調達コストになるが，両者の比較優位な金利で資金を調達したうえでスワップ契約を結ぶことにより，より低コストの調達を両者が望む形で達成することが可能になる．

具体的には図 5.3 のとおり，スワップの固定金利を 3% とすれば次のように X，Y の双方が調達コストの削減を達成できる．

- X のコスト：3.0（A 銀行へ）+LIBOR（Y へ）−3.0（Y から）=LIBOR（0.1% の削減）
- Y のコスト：LIBOR + 1.0（B 銀行へ）+3.0（X へ）−LIBOR（X から）=4.0%（0.5% の削減）

実際には X と Y の中間にも銀行が介在し，銀行を含めた 3 者で利益を得られるような取引が行われることになるだろう．ただし，近年になってスワップにかかわるカウンターパーティーリスクの適切な管理が重要視されるようになり，カウンターパーティーの信用リスクに応じた金利の上乗せ（credit valuation adjustment：CVA）が厳格に求められるようになっている．そのため，こうした信用スプレッドの違いを利用した「裁定取引」の機会は減少していると推測される．

c. 投機的な目的

資金調達者が追加的なリスクをとることによって当面の調達コストを下げるためにスワップが利用されることがある．たとえば，高金利通貨であるオース

トラリアドルと低金利の円のキャッシュフローを交換する「クーポンスワップ」が有名である．これは，高金利の恩恵を受けて金利収入を改善しようとするものであるが，為替リスクをとっているため，予想以上に円高に振れて損害を被るケースなども多数発生している[*5]．

また，金利スワップは元本のやりとりがないため大きなリスクをとることに利用できる．信用力を補完するための担保として一定の資金を用意することが求められる場合があるが，少ない資金で多額の取引ができるレバレッジ効果がスワップにも備わっている．

問 5.2 信用力が十分でない一般企業がデリバティブ取引を行う場合は，デリバティブ単体ではなく，「債券＋デリバティブ」として作られた仕組債を購入するケースが多い．それはなぜか理由を考えよ．

5.3.4　金利スワップの評価モデル

金利スワップの評価を行うため，3年スワップにおける固定と変動のキャッシュフローを図5.4に示した．ここで，L_1, L_2, L_3 はそれぞれ現在，1年後，2年後の1年 LIBOR 金利に基づく変動金利のキャッシュフローを，r は固定金利（スワップレート）のキャッシュフローを表している．

通常，スワップの変動金利は6カ月 LIBOR でキャッシュフローの交換も半

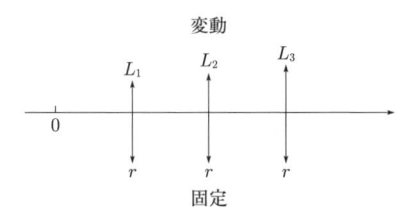

図 5.4　金利スワップのキャッシュフロー

[*5] 2008年には，(株)サイゼリヤがBNPパリバ証券と契約した為替参照型オーストラリアドル・クーポンスワップで約140億円の評価損の見込みを，(株)コナカも通貨スワップと通貨オプションにかかわる約90億円の評価損見込みを公表している．また，2011年1月には販売した為替デリバティブの損失により経営難に陥った中小企業への対応について，金融庁が3メガバンクに対して行政指導を実施している．デリバティブにかかわるこうした損失の事例は未だに無くならないようである．

年ごとに行われるが,ここでは議論を単純化するために1年ごとの交換とした.また,取引主体の信用力は十分に高く,資金の貸出および調達をLIBORでできることを仮定する.

さて,議論の最初にLIBOR変動金利を支払う元本N円の債券を考えよう.この債券は1年後に$N \times L_1$円,2年後に$N \times L_2$円,3年後に$N \times L_3$および元本N円を支払うので,スワップの変動キャッシュフローに満期の元本支払いを追加したものに等しい(図5.5).この変動利付債券の現在価値を計算すると,

$$\frac{NL_1}{1+L_1} + \frac{NL_2}{(1+L_1)(1+L_2)} + \frac{NL_3+N}{(1+L_1)(1+L_2)(1+L_3)} = N$$

のとおり元本N円に等しいことがわかる.

一方,スワップの固定キャッシュフローにも,変動側と等価になるように元本Nを追加して考えると,図5.5を見て明らかなとおり,それはスワップレートrをクーポンとする利付債券とみなすことができる.この現在価値を計算して変動側の価値Nとの差額を求めればそれがスワップの価値となるはずである.

さて,以上の結果を踏まえてスワップ価格の定式化を行う.満期M年までの毎年に固定金利rを支払い変動金利を受け取るスワップ契約の想定元本をNとする.このとき,変動キャッシュフローの現在価値は元本に等しいことが示されているのでNである.一方,固定キャッシュフローの現在価値は,満期t年のディスカウントファクターを$d(t)$とするとき,

$$\sum_{t=1}^{M} d(t)\,rN + d(M)N$$

である.したがって,変動受け・固定払いのスワップの価格Vは,変動と固定

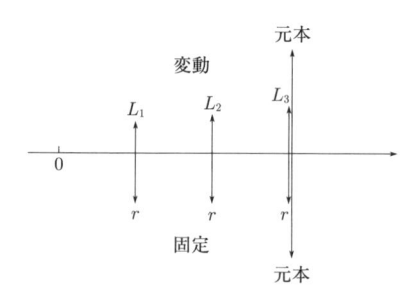

図5.5 金利スワップのキャッシュフローに元本を追加

キャッシュフローの現在価値の差額として，

$$V = N\left[1 - d(M) - \sum_{t=1}^{M} d(t)\, r\right]$$

である（この式は年 1 回払いスワップの価値である点に注意せよ）．

通常の円–円スワップでは，契約当初にスワップ価格に相当する資金を支払うことはない．それはスワップの価格がゼロ（$V = 0$）になるようにスワップレート r が決まっているからである．したがって，満期の異なるスワップに関する上式を，$V = 0$ として逐次的に解くことによって，ディスカウントファクター $d(t)$ $(t = 1, 2, \ldots, M)$ が決まり，同時にスワップのゼロイールドが決まる．こうしてスワップ市場における金利の期間構造が得られる．具体的な計算手続きを次項に示そう．

5.3.5 スワップ金利の期間構造の推定方法
a. ディスカウントファクターの計算

金利の期間構造を計算するために用いる市場データについてはいくつかの選択肢があるが，ここでは簡単のため，以下の金利データから半年刻みのディスカウントファクターを計算する方法を示す．

- ユーロ円預金金利：6m, (1y)
- スワップレート：(1y), 2y, 3y, 4y, 5y, 6y, 7y, 8y, 9y, 10y

まず，6 カ月のディスカウントファクター $d(0.5)$ を，t 年のユーロ円預金金利 r_t からディスカウントファクターを求める式：

$$d(t) = \frac{1}{1 + r_t \frac{D}{360}}$$

により求める．ここで D は現在（スポット）日付から t までの実日数である[*6)]．

次に，t 年のスワップレート r_t を使用したより長期のディスカウントファクター計算を行うが，スワップレートは半年ごとの間隔で存在しないため，必要に応じて線形補完によって決めることとする．たとえば，1.5 年であれば，

$$r_{1.5} = \frac{r_1 + r_2}{2}$$

[*6)] ここでは簡単のため，6 カ月のユーロ円預金金利の実日数をカウントせず，0.5 年であるとみなして計算している．

として求める．

さて，ユーロ円預金金利から $d(0.5)$ を求めたので，次は 1 年，1.5 年，... のディスカウントファクターを順次求めたい．金利スワップの理論価格は年 1 回のキャッシュフロー交換の場合については前項で示したとおり，

$$V = \left[1 - d(M) - \sum_{t=1}^{M} d(t)\, r\right] N$$

であった．スワップレートは $V = 0$ となるような金利 r だから，想定元本を $N = 1$ として，半年ごとのキャッシュフローについての式を導くと，

$$0 = 1 - d(0.5)\frac{r_M}{2} - d(1)\frac{r_M}{2} - \cdots - d(M)\left(\frac{r_M}{2} + 1\right)$$

である．ただし，r_M は M 年のスワップレートである．よって，

$$d(M) = \frac{1 - \left(d(0.5)\frac{r_M}{2} + d(1)\frac{r_M}{2} + \cdots + d(M-0.5)\frac{r_M}{2}\right)}{\frac{r_M}{2} + 1}$$

である．したがって，1 年，1.5 年，... のディスカウントファクターは次のように計算できる．

$$d(1) = \frac{1 - \left(d(0.5)\frac{r_1}{2}\right)}{\frac{r_1}{2} + 1}$$

$$d(1.5) = \frac{1 - \left(d(0.5)\frac{r_{1.5}}{2} + d(1)\frac{r_{1.5}}{2}\right)}{\frac{r_{1.5}}{2} + 1}$$

$$\cdots$$

この計算を $M = 2, 2.5, 3, \ldots$ のとおり順次繰り返せば，半年ごとのディスカウントファクターを逐次的に計算できるだろう．

b. 任意満期のゼロイールドの計算

半年という刻み幅で求めたディスカウントファクターであるが，半年ごとのタイミングで生じないキャッシュフローの評価に際してはディスカウントファクターを補完することで，任意の満期 t のディスカウントファクターを求めることができる．

$$d(t) = d(t_1)^\alpha d(t_2)^\beta, \quad t_1 \le t \le t_2$$

ここで t_1 と t_2 は任意の満期 t を挟む半年ごとの時点で，α と β は，

のとおりである．ディスカウントファクターとゼロイールドの関係式

$$\alpha = \frac{t(t_2-t)}{t_1(t_2-t_1)}, \quad \beta = \frac{t(t-t_1)}{t_2(t_2-t_1)}$$

$$Y(0,t) = -\frac{1}{t}\log d(t)$$

であることを使って，上の補完の式をゼロイールド $Y(0,t)$ について書き換えると，

$$Y(0,t) = \frac{(t_2-t)Y(0,t_1) + (t-t_1)Y(0,t_2)}{t_2-t_1}$$

となる．すなわち連続複利ベースのゼロイールドによる線形補完に対応している．これで任意の将来時点のディスカウントファクターを求めることができるので，あらゆる確定的キャッシュフローの現在価値を計算できる．

5.4 期間構造の変動モデル

期間構造の変動を表現するモデルを無裁定モデルと統計モデルに大別して説明する．

5.4.1 無裁定モデル

無裁定モデルは，主に金利デリバティブの評価のために開発され発展してきたモデル群である．たとえば，以下に示すようなシングルファクターのスポットレートモデルが代表的である．

- Vasicek モデル：$dr(t) = a(b-r(t))dt + \sigma dB(t)$
- Hull–White モデル：$dr(t) = (\theta(t) - ar(t))dt + \sigma dB(t)$
- CIR モデル：$dr(t) = a(b-r(t))dt + \sigma\sqrt{r(t)}dB(t)$

ただし，a, b, σ は定数で $B(t)$ は標準 Brown 運動である．

Vasicek モデルはドリフトが平均回帰するモデルで，Hull–White モデルは Vasicek モデルのドリフトに時間依存の項 $\theta(t)$ を取り入れることで，初期時点の期間構造にフィットするような拡張を施したモデルである．Vasicek モデルや Hull–White モデルから計算されるスポットレートの将来分布は正規分布に従うために，負の金利が正の確率で起こるという構造上の問題を抱えている．そ

れに対して CIR (Cox, Ingersoll and Ross) モデルは拡散係数がスポットレート自身の平方根で与えられていることから，負の金利が出現しないという特徴がある．

　これらのスポットレートモデルは，金利の期間構造を直接表現しているわけではない．しかし，これらのモデルから任意の満期の割引債価格式を導出し，それらの価格が互いに無裁定条件を満たすように決まるという条件の下で，それぞれのスポットレートモデルに整合的な金利の期間構造が決定されるのである．

　これらシングルファクターのスポットレートモデルは，そもそも金利オプションなどのデリバティブ価格の計算を主目的として提案されたものである．いずれもマルコフ過程に従うため，デリバティブ価格に関する解析解が得られる場合も多く，そうでない場合でもスポットレート過程が二項格子モデルでよく近似できるので数値解析が容易であるという利点を備えている．しかし，実際に観測されるような複雑な期間構造の表現力については犠牲にされている面もあり，その結果，これらのモデルは，たとえば「スプレッドオプション」のような長短金利差に関するオプションなど，複雑なデリバティブの価格付けには向かない．

　こうした問題への対処は，マルチファクタータイプのスポットレートモデルへの拡張や，Heath *et al.* (1992) に代表される期間構造全体のダイナミクスを直接記述するフォワードレートモデルの選択などが考えられるが，当然のことながら，単純なシングルファクター・スポットレートモデルに比べて取り扱いが難しくなる[*7]．

5.4.2 統計モデル

　過去の金利期間構造データから直接的に統計モデルを推定する方法は，金利変動に伴うリスク評価などにおいて広く採用されている方法である．統計モデルは，推定に当たって無裁定条件を仮定しないため，複雑な構造を自然に取り込むことができる．しかし，統計モデルは無裁定条件を満たしていないので，本来ありえない見かけ上の裁定機会が現れる可能性もあり，最適な投資やヘッ

[*7] Inui and Kijima (1998) は HJM モデルをマルコフ化するためのボラティリティ条件について議論しており，応用上参考になる．

ジ戦略を考えるには不向きである.

これまで各種統計モデルが金利期間構造のモデル化に応用されてきた. たとえば, 短期と長期の金利に自己回帰モデルを適用し, 途中の年限は何らかの方法で補完して期間構造を表現するモデル, 自己回帰モデルに不均一分散 (GARCH) やレジームスイッチングなどを組み合わせる方法, さらに, 非定常性をカオスで表現したモデル (Tice and Webber, 1995) なども提案された. 一方, 代表的な満期年限 (グリッド) の金利が多変量正規分布に従うこと仮定した多変量正規分布モデルは金利商品の VaR を効率的に計算するために考案されたモデルである. また, 金利期間構造を代表的な変動要因に分解・結合して表す主成分分析モデルも各所で実証分析で利用されているモデルである.

5.4.3 期間構造の主成分分析モデル推定の具体例

ここでは主成分分析により期間構造の変動要因をいくつかのファクターに分解して表す方法を示す.

a. データ

2000 年 3 月 23 日〜2005 年 6 月 22 日のユーロ円預金 (6 カ月, 1 年) およびスワップ金利 (1〜10 年) の日次データ (1292 日分) から求めたゼロイールド (1〜10 年, 1 年刻み) を使って主成分分析を行う.

参考として推定したゼロイールドの時系列推移 (年限別) とある日の期間構

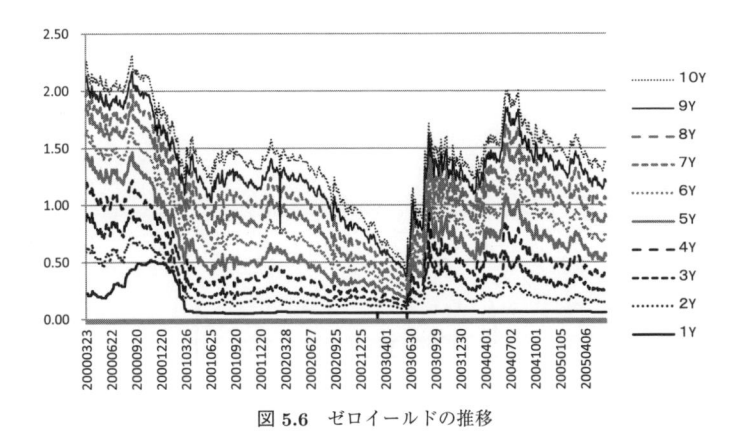

図 5.6 ゼロイールドの推移

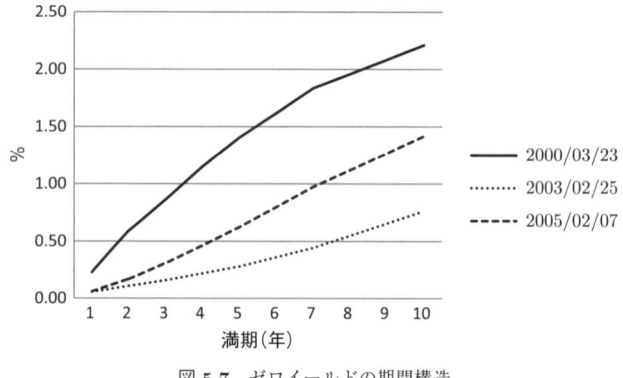

図 5.7 ゼロイールドの期間構造

造（2000 年 3 月 23 日，2003 年 2 月 25 日，2005 年 2 月 7 日）について図 5.6，5.7 に示した．

b. 主成分分析の方法と推定結果

主成分分析は，多変数データがもつ情報を集約的に表現する方法で，一般に n 個の変数を代表する変数 z を次の形で求める方法である．

$$z = w_1 y_1 + w_2 y_2 + \cdots + w_n y_n, \quad w_1^2 + w_2^2 + \cdots + w_n^2 = 1$$

ウェイト $\{w_1, w_2, \ldots, w_n\}$ のとり方によっていろいろな z を考えられるが，通常，z 上における固体の識別効果が最大になるように，z の分散を最大にするようなウェイトを選択する．

さて，期間構造（イールドカーブ）の主成分分析を考えよう．具体的にはスワップレートから求めたゼロイールドについて主成分分析を行うが，表現したいのは期間構造の変動なので，イールドそのものではなくイールドの変化が分析対象となる．

そこで，観測時点を $t = 1, 2, \ldots, T$，満期を $m = 1, 2, \ldots, M$ としてゼロイールドの変化を $\boldsymbol{Y}$，そこから求めた共分散行列を $\boldsymbol{\Sigma}$ で表す．

$$\boldsymbol{Y} = \begin{pmatrix} Y_{11} & Y_{12} & \ldots & Y_{1M} \\ Y_{21} & Y_{22} & \ldots & Y_{2M} \\ \vdots & \vdots & \ddots & \vdots \\ Y_{T1} & Y_{T2} & \ldots & Y_{TM} \end{pmatrix}$$

5.4 期間構造の変動モデル

$$\Sigma = \begin{pmatrix} s_{11} & s_{12} & \cdots & s_{1M} \\ s_{21} & s_{22} & \cdots & s_{2M} \\ \vdots & \vdots & \ddots & \vdots \\ s_{M1} & s_{M2} & \cdots & s_{MM} \end{pmatrix}$$

主成分分析によって,時刻 t における金利変化 Y_{tm} を用いて $N\,(\leq M)$ 個の主成分を

$$z_t^{(j)} = w_1^{(j)} Y_{t1} + w_2^{(j)} Y_{t2} + \cdots + w_M^{(j)} Y_{tM}, \quad j = 1, \ldots, N$$

のとおり求められれば,この $z^{(j)}$ が金利の期間構造変化を代表している成分であるとみなすことができる.

このような $z^{(j)}$ を与えるウェイト $\{w_1^{(j)}, w_2^{(j)}, \ldots, w_M^{(j)}\}$ は主成分分析で得られる固有ベクトルの要素に対応することが,また,j 個の主成分の相対的重要性は固有値を見ることで判断できることが知られている.したがって,主成分分析のためには分散共分散行列の固有値と固有ベクトルが必要であるが,これを求めるのは実は簡単ではない.共分散行列の次数が高くなると Excel では誤差が大きくなって,計算できない場合も多い.問題の規模が大きい場合には統計分析用のソフトウェアなどを使って計算する必要があるだろう.

さて,固有値は最大で共分散行列の次元数(ここでは $M = 10$)だけ得られる.それぞれの固有値 λ_j は,その固有値に対応する固有ベクトル(ウェイト)から計算される主成分 $z^{(j)}$ の分散を表している.固有ベクトルは互いに直交しているので,全体の分散合計で基準化した固有値 $\lambda_j / \sum_{i=1}^{M} \lambda_i$ は第 j 主成分の寄与度を表している.表 5.2 には求めた固有ベクトルおよび固有値,固有値から求めた累積寄与度を示した.

各固有値 $\lambda_1, \lambda_2, \ldots, \lambda_M$ に対応する固有ベクトル(ウェイト)が求められたので,その固有ベクトルを要素とするウェイト行列 $\boldsymbol{P}$ を次のように定義する.

$$\boldsymbol{P} = [\boldsymbol{w}^{(1)}, \boldsymbol{w}^{(2)}, \ldots, \boldsymbol{w}^{(M)}], \quad \boldsymbol{w}^{(j)} = \begin{pmatrix} w_1^{(j)} \\ w_2^{(j)} \\ \vdots \\ w_M^{(j)} \end{pmatrix}, \quad j = 1, \ldots, M$$

表 5.2 期間構造に関する固有ベクトル,固有値

固有ベクトル	w_1	w_2	w_3	w_4	w_5
$m=1$	0.0079	0.0133	0.0591	0.2068	0.9732
$m=2$	0.0959	0.1915	0.5275	0.7002	-0.1870
$m=3$	0.1581	0.2678	0.4879	-0.0530	0.0109
$m=4$	0.2248	0.3129	0.3255	-0.3834	-0.0079
$m=5$	0.2795	0.3314	0.0631	-0.4119	0.1117
$m=6$	0.3202	0.3226	-0.2011	-0.0499	0.0288
$m=7$	0.3618	0.3139	-0.4696	0.3180	-0.0556
$m=8$	0.4041	0.0041	-0.2372	0.1797	-0.0324
$m=9$	0.4470	-0.3075	-0.0040	0.0403	-0.0090
$m=10$	0.4904	-0.6217	0.2303	-0.0995	0.0146
固有値 (λ)	6.10×10^{-3}	7.14×10^{-4}	1.33×10^{-4}	3.45×10^{-5}	2.49×10^{-5}
累積寄与度	86.57%	96.70%	98.58%	99.07%	99.43%
固有ベクトル	w_6	w_7	w_8	w_9	w_{10}
$m=1$	0.0328	0.0730	0.0001	-0.0001	0.0000
$m=2$	-0.3384	0.1898	-0.0001	0.0000	0.0002
$m=3$	0.4676	-0.6661	-0.0004	0.0002	0.0000
$m=4$	0.3469	0.6915	-0.0004	-0.0001	-0.0001
$m=5$	-0.6462	-0.1734	0.0883	-0.4108	-0.0410
$m=6$	-0.2045	-0.0803	-0.1747	0.8150	0.0814
$m=7$	0.2449	0.0139	-0.4159	-0.4085	0.2140
$m=8$	0.1404	0.0074	0.4826	0.0029	-0.7032
$m=9$	0.0354	0.0007	0.5375	0.0078	0.6432
$m=10$	-0.0710	-0.0062	-0.5167	-0.0061	-0.1944
固有値 (λ)	2.15×10^{-5}	1.87×10^{-5}	3.05×10^{-9}	9.21×10^{-10}	8.51×10^{-10}
累積寄与度	99.73%	100.00%	100.00%	100.00%	100.00%

このとき,主成分ベクトル(行列)は

$$z = YP$$

である.ここでは固有値の数(分散共分散の次元)は $M=10$,時系列方向のデータ数は $T=1291$ 日なので,上の行列計算の結果,z は $T\times M = 1291\times 10$ の行列となる.もし,ウェイト行列として寄与度(固有値)が相対的に多上位の $N(\leq M)$ 個の固有ベクトルだけしか使用しない場合,たとえば $N=3$ であれば,P が $M\times N = 10\times 3$ 行列になることから,z は $T\times N = 1291\times 3$ 行列となる.

得られた主成分ベクトルの関係式を変形すると次の式が得られる.(P は正規直交行列なので:$P^\top P = E$)

5.4 期間構造の変動モデル

$$Y = zP^{-1} = zP^\top$$

これは,ある t における満期 m 年のゼロイールド変化 Y_{tm} が M よりも少ない N 個の主成分ベクトルによって

$$Y_{tm} = z_t^{(1)}w_m^{(1)} + z_t^{(2)}w_m^{(2)} + \cdots + z_t^{(N)}w_m^{(N)}$$

というように表せることを意味している.

ここで,各主成分の分散はその固有値に等しいので,$F_j = z^{(j)}/\sqrt{\lambda_j}$ とすれば,F_j は分散が 1 に基準化された主成分ファクターを表す.同時に,$b_j(m) = w_m^{(j)} \times \sqrt{\lambda_j}$ をファクターの係数とすることで,金利変動を表す次のようなファクターモデルとして書くことができる(t は省略した).

$$Y_m = b_1(m)F_1 + b_2(m)F_2 + \cdots + b_N(m)F_N$$

$N=3$ のケースについて,3 つの主成分のウェイト $(b_j(m); j=1,2,3; m=1,\ldots,10)$ を図 5.8 に示した.

一般的に金利の期間構造は 2, 3 のファクターで変動のほとんどが説明できるといわれている.事実,表 5.2 の累積寄与度を見ると,第 2 主成分までで 96.7%,第 3 主成分まで含めると 98.59% に達している.また,第 1 主成分が期間構造の水準変化(平行移動)を,第 2 主成分が傾き変化,第 3 主成分が曲率変化を表すファクターであるという結論が導かれることが多い.しかし図 5.8 を見ると,第 1 主成分 $(b_1(m))$ は右上がりの直線に近い形になっているため,第 1 主成分ファクター F_1 の変動が満期に対して右上がりの影響を与えること

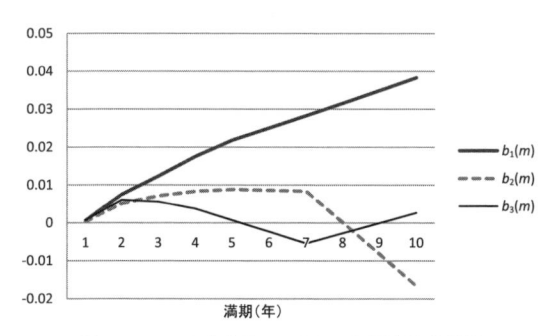

図 5.8 3 つの主成分ファクターに関する感応度

がわかる.すなわち,今回の分析結果によれば第 1 主成分は傾きの変化を表していることになる.また第 2 主成分 ($b_2(m)$) は上に凸の形状をしていることから曲率変化を表すファクターを表していると解釈できる.分析に用いたデータ期間の大半がいわゆるゼロ金利政策下で短期金利が 0% にアンカーリングされていて,期間構造の平行移動が実質的に不可能な状態にあったことがその原因であろう.

c. 主成分ファクターモデルを使った金利期間構造のシミュレーション

主成分分析によって得たファクターモデル

$$Y_m = b_1(m)F_1 + b_2(m)F_2 + \cdots + b_N(m)F_N, \quad m = 1,\ldots,M$$

において,F_j がどのような分布に従うかについては何もいえない.しかし,F_j ($j = 1, 2, \ldots, N$) が独立な多変量正規分布に従うと仮定すれば,正規乱数を使った期間構造変動のシミュレーションが可能である.

ただし,主成分分析のファクターモデルから得られる期間構造は無裁定条件を満たすものではないこと,ここで推定したファクターモデルはゼロ金利政策下のモデルであって,ゼロ金利が解除された場合の期間構造とは明らかに異なる性格であると思われることについては注意が必要である.

章 末 問 題

問題 5.1 用意した Excel ファイル (A05_01–04.xls) のスワップレートからディスカウントファクターを求め,さらにゼロイールドを計算せよ.

問題 5.2 求めたディスカウントファクターもしくはゼロイールドから 1 年のフォワードイールドを求めよ[8].

〈ヒント〉 フォワードレートの計算式は,

$$f(t,T,\tau) = -\frac{1}{\tau - T} \log \frac{d(\tau)}{d(T)}$$

である.Excel で計算するとき,log は ln( ) であることに注意.

---

[8] フォワードレートは市場のコンセンサスとしての短期金利という見方もある.よってフォワードレートを見ることで将来金利の予想に利用できる可能性がある.

問題 5.3 前問で求めたディスカウントファクターを使って，現時点で契約するスワップの価値が 0 円であることを確認せよ．
〈ヒント〉 たとえば，5 年のスワップの CF を作って現在価値を計算し，0 になっていることを確かめればよい．スワップのキャッシュフローは，変動と固定がある．

問題 5.4 ある企業では変動金利払いの負債が多いのでリスク管理に悩んでいる．当面は金利上昇はないと見ているものの，数年後には金利は上昇すると考えている．この見通しに沿って，2 年後に LIBOR を固定に変えるスワップを（今のうちに）契約したいというニーズがある．そこで業者に価格提示を求めたところ，「2 年先スタートの 3 年スワップレートは 1.1%でどうか」というオファーが来た．あなたは財務担当者としてこの契約の適正なスワップレートを求め，先方のオファーが割安か割高かを判断せよ．
〈ヒント〉 スワップの適正価値はスワップの支払いと受け取りの現在価値合計が 0 になるような固定金利である．ゴールシークで見つけられるだろう．

問題 5.5 Excel の Visual Basic プログラムとして，Vasicek モデルによる債券価格およびゼロイールドの関数を用意した．これを使って，与えられた国債のゼロイールド・データに Vasicek モデルがフィットするようなパラメータ $(a, \bar{r}, \sigma)$ を推定せよ．
〈ヒント〉
- スポットレート $r(t)$ についての Vasicek モデル

$$dr(t) = a(b - r(t))dt + \sigma dB(t)$$

でリスクの市場価値を λ とすると，リスク中立確率下では $\bar{r} = b - \sigma\lambda/a$ のとおり修正されたドリフトによって，

$$dr(t) = a(\bar{r} - r(t))dt + \sigma d\tilde{B}(t),$$

のとおり定まり，そのときの割引債価格 $v(t, T)$ およびゼロイールド $y(t, T)$ は次のように定まる．

$$v(t, T) = H_1(t, T) \exp\{-H_2(t, T)r(t)\},$$

$$y(t,T) = \bar{r} - \frac{\sigma^2}{2a^2} + \frac{H_2(t,T)}{T-t}\left\{r(t) - \bar{r} + \frac{\sigma^2}{2a^2} + \frac{\sigma^2}{4a}H_2(t,T)\right\}$$

ただし,

$$H_1(t,T) = \exp\left\{\frac{(H_2(t,T)-(T-t))(a^2\bar{r}-\sigma^2/2)}{a^2} - \frac{\sigma^2 H_2^2(t,T)}{4a}\right\},$$

$$H_2(t,T) = \frac{1-\mathrm{e}^{-a(T-t)}}{a}$$

なお,導出の詳細については木島(1994a; b)を参照せよ.

- ファイルには満期が 1~30 年の毎年のゼロイールドの実測値が与えられているので,パラメータの初期値を適当に与えた上で Vasicek モデルでゼロイールドの理論値を計算し,ソルバーにより理論値と実測値の二乗誤差合計が最小になるようにパラメータを決定すればよい[*9].

- スポットレート(短期金利)の時系列データから Vasicek モデルやその他のスポットレートモデルのパラメータを推定する方法もある.具体的な方法は乾・室町(2000)を参照せよ.

問題 5.6 問題 5.5 で推定したパラメータ $\bar{r}$ はリスク中立確率下のパラメータである.これを現実の確率下のシミュレーションに利用するためには,リスクの市場価値 λ を使って,(現実確率下の)ドリフト項 $b = \bar{r} + \sigma\lambda/a$ を求めればよい[*10].b を決定して,将来のスポットレートシナリオを生成するためのモンテカルロ・シミュレーションが可能なワークシートを作成せよ.ただし,Vasicek モデルの離散化にあたっては,$\Delta t = 1/12$ 年とし,3 年(36 カ月)のシナリオが作成できるようにせよ.

[*9] Vasicek モデルを含むスポットレートモデルは,本来,金利デリバティブの価格付けを目的として開発されたものであり,通常はモデルパラメータの推定もデリバティブ価格に基づいて行われる(いわゆるキャリブレーション).ここでは国債価格から求めたゼロイールドに合わせる方法を提案しているが必ずしも標準的な方法ではない.いずれにしても,シングルファクターのスポットレートモデルは金利期間構造の表現力が不十分であるため,推定されたパラメータが長期的に安定している保証はない.したがって長期的なシミュレーションなどに用いる場合,結果の信頼性については注意してほしい.

[*10] λ は内生的に決まる数値ではないため,結局のところ限界を踏まえて主観的に扱うしかないだろう.たとえば,b はスポットレートの長期的な平均値を表すので,λ を適当に動かしながら,b が主観的に決定した将来のスポットレート予測値に合うように調整する,という方法がよいだろう.一般的に資産価格と金利には負の相関があるため,Vasicek モデルの λ は負値として与えることになることに注意せよ.

章末問題

〈ヒント〉
- 離散化は，連続時間における瞬間 dt を微少時間 Δt に置き換えて考えること：
$$\Delta r(t) = a(b - r(t))\Delta t + \sigma \Delta B(t), \quad b = \bar{r} + \frac{\sigma}{a}\lambda$$
- 離散化によって瞬間の標準ブラウン運動 $dB(t)$ は $\Delta B(t) = B(t+\Delta t) - B(t)$ に置き換えられるが，標準ブラウン運動の性質により，$\Delta B(t)$ は正規分布 $N(0, \Delta t)$ に従う独立・同一な確率変数である．したがってモンテカルロ法では，この ΔB を正規乱数として生成する．
- Excel では一様分布 [0,1) を生成する乱数 rand( ) が用意されている．正規分布の逆関数によって，norminv(rand( ),mean,std) は，平均が mean で，標準偏差が std であるような正規乱数になる．

問題 5.7 問題 5.5 で推定した Vasicek モデルのパラメータが将来にわたって一定であるとして，前問で作成した将来のスポットレート $r(t)$ を参照して決まる将来の金利期間構造（ゼロイールド）を作成せよ．さらに，期間構造のグラフなどを作成して，乱数を発生させることによって期間構造が変動する様子を確認せよ．とくに，Vasicek モデルから生成されるスポットレートやゼロイールドが負値になることを確認せよ．

〈ヒント〉 Visual Basic プログラムとして用意されているゼロイールドの関数は vas_yield($r(t),\bar{r},a,\sigma,\tau$) として作成しているが，5 つのパラメータのうち，$(a,\bar{r},\sigma)$ はすでに推定し決まっている．残る $r(t)$ は現実確率下の金利シナリオなので，ここにモンテカルロシミュレーションで生成したスポットレートを代入する．満期 τ について $\tau = 1,\ldots,30$ まで計算すれば将来の各時点 t において，満期 τ のゼロイールドの金利期間構造が生成できる．

6

社債と CDS の実証分析

 2010 年に相次いで公表された日本証券業協会 (2010)，日本経済研究センター (2010) などが共通して指摘しているわが国の社債市場の問題点を要約すれば以下のとおりである．
(1) 銀行や保険・年金が社債発行額の約 7 割を保有している（2010 年 6 月末現在）など，投資家に偏りがある．
(2) 社債の発行が BBB 以上の高格付優良企業に集中していて，ハイイールド債券市場が育たない．
(3) 欧米に比べて社債発行額が少ない（日本証券業協会 (2010) によると 2009 年 12 月末の発行残高は 59 兆円程度で米国の 1/10 程度，GDP 比で見ても米国 48％に対して日本 13％と大きく下回っている）．
(4) 流通市場の流動性の欠如．
(5) 社債スプレッド（国債利回りに対する上乗せ）が欧米の同格付社債に比べて小さい．

 日本経済研究センター (2010) は，銀行や保険会社は預金や保険準備金といった負債を原資に運用しているため，リスク管理の観点からハイイールド債券の受け皿になりにくい ((2) の理由)，また，銀行・保険は原則満期まで保有するため流通市場の売買量が増えない ((4) の理由)，など，(1) が他の諸問題の原因になってい可能性を示唆している．また，間接金融が発達した日本では，コスト面で有利な場合に社債発行が選択されているため ((5) の理由)，結果的に社債スプレッドが欧米と比べて低く抑えられ，海外投資家にとって魅力がない市場になっているとも指摘している．

 長引くデフレ経済情勢下で低金利にもかかわらず資金需要が低迷しているこ

とが最大の原因かもしれないが，利回りが低い社債は海外投資家に売れないこともあって，国内社債発行市場は国内大手証券会社の寡占状態になり，それゆえ販売先も国内銀行・保険が中心となり高利回り社債のニーズが育たない，という閉じた円環から脱出する契機が見出せない状況にある．

日本証券業協会（2010）は，わが国の社債市場が抱える課題を整理し，効率的で，透明性と流動性の高い社債市場実現に向けた取り組みを関係各所と協議しながら進める方針を示している．多様な投資家が参加できる市場へと変貌するための施策が早期に実現することを期待したい．

以上のとおり多くの問題を抱えるわが国の社債市場が改善に向けた歩みを確実なものとするためには，市場における価格形成の実態を知ることが非常に重要であると思われるが，ここにも社債取引の実データが入手できないという根本的問題が大きく立ちはだかっている．日本証券業協会のホームページに「公社債店頭売買参考統計値」が公表されているが，これは同協会が集計している業者間の平均値などであり，参考値であって実際の売買価格ではない[*1]．

また，売買参考値自体に問題があるという指摘もある．日本証券業協会の「社債市場の活性化に関する懇談会」の議事録を参照すると，売買参考値の信頼性向上に関する議論が繰り返されており，現状の信頼性については疑問符をつけざるをえない．金融取引市場の公共性を鑑みれば，相対取引であることを理由として実売買データを公開しない現状は改善されるべきではないだろうか．現状が改められることを期待しつつ議論を見守りたい．

6.1 流動性リスクプレミアムに見られるわが国社債市場の問題

6.1.1 流動性リスクプレミアムの推定

欧州保険年金監督者会議（Committee of European Insurance and Occupational Pensions Supervisor：CEIOPS）は，リーマンショックにおける金融市場の逼迫状況を鑑み，保険や年金における流動性リスク管理の重要性を認識し，

[*1] 日本経済研究センター（2010）は売買参考値計算の対象に最大手の野村證券が含まれていないことを指摘している．2012年6月現在では，同協会ウェブサイトの指定報告協会員一覧に野村證券は含まれている．

ソルベンシーマージン規制にかかわる議論の中で，流動性リスクプレミアムを社債利回りと CDS（credit default swap）プレミアムから簡便的に推定する方法を提案している（CEIOPS, 2010）．

CDS とは，企業が発行する社債を対象として，ある一定期間に定期的な保険料（プレミアム）を支払う代わりに，当該社債がデフォルトした場合に額面と回収額の差額を支払うことを約束する契約である[*2)]．CDS は社債のデフォルトリスクのみを取引する証券であるが，契約初期に現金が不要であるため，社債よりも流動性が高いと考えられる．そこで，CDS は純粋なデフォルトリスクプレミアムのみを反映しているとして，

$$CDS プレミアム = デフォルトリスクプレミアム$$

を仮定し，社債はさらに流動性リスクを反映して利回りが決まるものとみなし，社債スプレッド（社債と国債の利回り格差）は，

$$社債スプレッド = デフォルトリスクプレミアム$$
$$+ 流動性リスクプレミアム$$

となることを仮定する．その結果，流動性リスクプレミアムは，社債スプレッドと CDS プレミアムの格差として計算できる．この簡便的な方法がネガティブ **CDS ベーシス法**[*3)]である．そこで，BBB 格付の 5 年のイールドスプレッドから iTraxx Japan CDS index[*4)]を控除し，流動性リスクプレミアム（LP）を推定した．

$$LP = BBB 社債スプレッド - iTraxx Japan CDS index$$

推定した流動性リスクプレミアムの推移は図 6.1 に示した．

6.1.2 流動性リスクプレミアムが負になる理由

図 6.1 を見ると，2005～2007 年にはプラスの狭い範囲に収まっていた流動性

[*2)] CDS のプレミアムは額面に対するベーシスポイント（1/100 パーセント・ポイント）で建値されている．CDS プロテクションの買い手は，通常四半期ごとに参照する社債の額面に応じたプレミアムを支払う．たとえば，CDS のプレミアムを pbp，参照額面を F，利払いまでの実日数を A とすると，支払いは $p \times F \times A/360$ となる．ただし，デフォルトが生じた場合には CDS が精算されるため，それ以降のプレミアムの支払い義務はない．

[*3)] 「CDS ベーシス」は，CDS プレミアム − 社債スプレッド として計算される．

[*4)] Markit 社がライセンスを保有して算出している日本国内企業 50 社の CDS 指数．

6.1 流動性リスクプレミアムに見られるわが国社債市場の問題

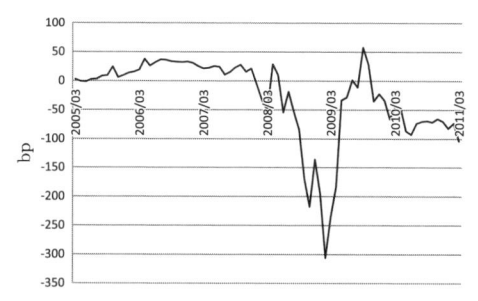

図 6.1 流動性リスクプレミアム推定値の推移（BBB, 5 年）

リスクプレミアム推定値が，リーマンショックに見舞われた 2008 年に大きくマイナスへと落ち込んでいる．すなわち，本来想定される関係が逆転し，「社債スプレッド＜CDS プレミアム」となったのであるが，信用リスクが急拡大した特殊な時期とはいえ，欧米市場ではこのような逆転現象は生じておらず，これは日本特有の現象である．

こうした現象の背景には流動性に深く関連する次のような問題が指摘できるだろう．

(1) わが国では社債の空売りはほとんどできないため，CDS プロテクションを供給する金融機関は社債の売りヘッジの代替として，CDS インデックスや場合によっては株式でヘッジするか，ヘッジできない場合は支払い準備金の内部留保を積み立てで対応しているはずである．その結果，ベーシスリスク（ヘッジが厳密にできないリスク）が拡大し，安全率を見込む必要から CDS プレミアムは高くなる．こうした CDS 価格の高騰は，CDS プロテクションを供給する側のコスト面からの制限であると理解すれば，CDS 自体の流動性リスクプレミアムの拡大を引き起こす原因と解釈できるだろう[*5]．

[*5] 徳島 (2011) は，CDS の非流動性に加えて，わが国においては CDS の支払い事由（クレジットイベント：CE）に「法的整理，支払い不履行，リストラクチャリング（私的合意による債権放棄など）」の 3 つを含む「3CE」が一般的で，欧米における標準的な「2CE」（リストラクチャリングを除く）よりも範囲が広いこと，同時に社債のデフォルトの定義にもリストラクチャリングが入らないことなどから，わが国の CDS スプレッドは欧米水準よりも拡大する傾向が強いことを指摘している．ただし，Berndta et al. (2007) によれば，米国ではリストラクチャリングにかかわるプレミアム格差は，リストラクチャリングを含まない CDS プレミアムのおよそ 6〜8％程度と推定されている．

(2) 一方で，リーマンショック前後の金融逼迫時には社債の流動性が枯渇して売買がほとんど成立せず，売買参考値の信頼性自体が失われていた可能性もあるだろう．

(1) が主な理由であれば，CDS プレミアムの構成要因分解を通して，社債や株式の非流動性が影響した証拠を発見できるかもしれない．一方，(2) が主な理由であれば，社債スプレッドにおける信用リスクプレミアムの割合が，本来拡大すべき金融逼迫時に著しく低下している可能性があるだろう．本章の実証分析は主にこの点について検証するものである．

6.2 社債価格の理論モデル

6.2.1 信用リスクモデル

社債の理論価格を考える上で，金利と信用リスクの2つが主要な関心事項となる．金利については第5章で述べたとおりであるが，信用リスクのモデル化については以下のような整理が可能だろう．

- 倒産確率の統計モデル

  実際にデフォルトした企業と存続している企業の財務データを利用して，統計的な手法によりデフォルトの境界を与える指標を求めたり（判別分析），デフォルト確率を直接的に予想するロジット／プロビット・モデルなどが研究されている．Altman (1968) の Z スコアは判別分析の代表的応用例であるが，主に財務データを利用するため，データの更新頻度が年に数回に限られ予測が遅れてしまう傾向がある．

- 構造モデル

  企業のバランスシートを想定し，資産時価が負債時価を下回ること（債務超過）をデフォルトとみなしてオプション評価モデルを適用する方法である（Merton モデル）．すなわち，株式は，当該企業の資産を原資産，満期における負債額を行使価格とするヨーロピアン・コールオプションであるとみなして，Black–Scholes の公式（ただしリスク中立確率の存在を仮定せず，現実の確率下の設定とすることが多い）により与えられる理論株価が実際の株価に一致するようにパラメータを決定し，その結果，いくつか

の追加的仮定の下で期待デフォルト確率を計算できる.

- 誘導モデル
デフォルトの具体的な条件を想定せずに,デフォルトがランダムな確率過程の実現値として生じると想定するモデル.デフォルトが Poisson 過程に従うとして,その強度(ハザードレート)について適当な確率過程を導入し,デフォルトのない国債の金利の期間構造モデルに,その強度過程を反映して修正を施す方法(Duffie and Singleton (1997; 1999) など)のほか,格付がデフォルト確率を決定する尺度であるとして,格付推移のマルコフ連鎖モデルによりクレジットリスクを評価する方法(Jarrow and Turnbull (1995), Jarrow et al. (1997) など)がある.

次項では構造モデルと誘導モデルについて概要を説明するが,信用リスクモデルの詳細な解説は,木島・小守林 (1999),室町 (2011) などを参照してほしい.

6.2.2 構造モデルの概要

Merton モデルによる構造モデルアプローチの標準的な議論では,まず,企業資産価格 A_t が幾何 Brown 運動

$$dA_t = \mu_A A_t dt + \sigma_A A_t dB_t$$

に従うことを仮定する.ここで μ_A, σ_A はパラメータで B_t は Brown 運動である.株式は企業の残余資産に対する請求権であることから,資産 A_t を原資産,負債 L_t を行使価格とするコールオプションのペイオフに一致するので,Black–Scholes の公式より,現在の株価 E_0 は

$$E_0 = A_0 N(d_1) - \exp(-\mu_A T)) L_T N(d_2), \tag{6.1}$$
$$d_1 = \frac{\log(A_0/L_T) + (r_A + \sigma_A^2/2)T}{\sigma_A T}, \quad d_2 = d_1 - \sigma_A \sqrt{T}$$

のとおり書くことができる.ただし,$N(\ )$ は標準正規分布の分布関数である.通常の Black–Scholes 式はリスク中立確率下のモデルとして示されているが,資産時価は非観測で随時取引できるわけではないので,完備市場を前提とする議論に持ち込めず,よって,r_A は無リスク資産収益率ではなく,推定すべき当該資産の期待リターンになる.そこで,(6.1) 式を微分して得られる

$$\sigma_E = \frac{A_0}{E_0} N(d_1) \sigma_A,$$

さらに，当該企業の株主資本コストと負債コストの関係

$$\mu_A = \frac{E_0}{A_0} \mu_E + \left(1 - \frac{E_0}{A_0}\right) \mu_D$$

を加えた連立方程式について，株式の期待リターン μ_E，負債の期待コスト μ_D の推定値を別途決定した上で，数値計算により A_0, σ_A および μ_A を決定する．こうしてパラメータを決定すれば，デフォルト距離 d_1 およびデフォルト確率 $DP = 1 - N(d_1)$ を計算できる．

Duan et al. (2010) では，KMV 社の前提に従い，満期は $T = 1$，負債 L_T は財務諸表の短期負債と長期負債の 1/2 の合計としてデフォルト距離を求めている．

また，KMV (2003) によると，デフォルト確率を求めるためにデフォルト距離を標準正規分布で変換すると，とくにテールの事象の確率が極端に小さくなってしまうため，正規分布以外のマッピングが有効であると指摘されている．

6.2.3　誘導モデルの概要

Duffie and Singleton (1997; 1999) のモデルでは，無リスク金利 r_t と，ポアソン過程に従うデフォルトの強度 λ_t を確率モデルで表して定式化しているが，Longstaff et al. (2005) はさらに流動性リスクなどに相当する部分を吸収するためのコンビニエンスイールド[*6)] を導入して以下のような定式化を行っている．

- 満期 T の無リスク割引債券価格：

$$D(T) = E\left[\exp\left(-\int_0^T r_t\, dt\right)\right]$$

- リスク中立確率下の強度プロセス：

$$d\lambda_t = (\alpha - \beta \lambda_t) dt + \sigma \sqrt{\lambda_t}\, dZ_t^\lambda$$

[*6)]　合理的に計測することが困難な場合に，便宜的に調整のために導入される利回り（金利の調整項）．商品先物の理論価格計算などでは金利以外の現物保管コスト（倉庫費用）などを調整するための割引率をコンビニエンスイールドという．

α, β, σ は定数．Z_t^λ は標準 Brown 運動である．よって，強度は常に非負である．

- 主に流動性リスクに相当するコストを吸収するためのコンビニエンスイールドのプロセス：

$$d\gamma_t = \eta \, dZ_t^\gamma$$

を仮定する．よって，γ_t は正負両方の値をとることを許容している．
その結果，クーポンが連続的に支払われる社債価格（CB）は次のように表される．

$$\begin{aligned}
CB(c,w,T) =\ & E\left[c\int_0^T \exp\left(-\int_0^t r_s+\lambda_s+\gamma_s\,ds\right)dt\right] \\
& + E\left[\exp\left(-\int_0^T r_t+\lambda_t+\gamma_t\,dt\right)\right] \\
& + E\left[(1-w)\int_0^T \lambda_t \exp\left(-\int_0^t r_s+\lambda_s+\gamma_s\,ds\right)dt\right]
\end{aligned} \tag{6.2}$$

ただし w はデフォルト時の回収率である．第 1 項が連続クーポンの現在価値，第 2 項が元本償還（額面は 1）の現在価値，第 3 項がデフォルトによる精算の現在価値を表している．

6.2.4　CDS と社債の理論価格モデル

欧米の多くの研究で CDS の流動性はきわめて高いものとして扱う．CDS 契約は初期時点でキャッシュを必要としないことが主な理由である．そこで CDS の理論価格の導出では，社債で考えた流動性にかかわる γ_t を考慮しない．

CDS プレミアムを s とすると，プレミアム・レグ[*7] の価値は

$$P(s,T) = E\left[s\int_0^T \exp\left(-\int_0^t r_s+\lambda_s\,ds\right)dt\right]$$

となる．一方，プロテクション・レグの価値は，

$$PR(w,T) = E\left[w\int_0^T \lambda_t \exp\left(-\int_0^t r_s+\lambda_s\,ds\right)dt\right]$$

[*7] CDS は保証の買い手が支払う一連のプレミアムを「プレミアム・レグ」，クレジット・イベントが発生した際に支払う保証料（契約額面と回収金額の差額）を「プロテクション・レグ」という．

となる. この両者が一致するように s が決まるので,

$$s = \frac{E\left[w \int_0^T \lambda_t \exp\left(-\int_0^t r_s + \lambda_s \, ds\right) dt\right]}{E\left[\int_0^T \exp\left(-\int_0^t r_s + \lambda_s \, ds\right) dt\right]}$$

となる. w と λ_t が確定的であれば,プレミアムは $s = \lambda w$ とできる. λ_t が確率過程であっても,プレミアムは $w\lambda_t$ の現在価値ウェイトの加重平均として定まる. 一般的に, λ_t と $\exp(-\int_0^t \lambda_s ds)$ は負の相関があるため,プレミアムは λ_t の期待値と w の積よりも小さくなる.

6.2.5 解析解の導出

解析解を導出するために,無リスク金利,倒産の Poisson 過程,コンビニエンスイールド過程はすべて互いに独立と仮定する.

最初に (6.2) 式の第 1 項および第 2 項に共通の割引計算式を,独立の仮定に基づいて書きなおすと次のとおりである.

$$E\left[\exp\left(-\int_0^T r_t + \lambda_t + \gamma_t \, dt\right)\right]$$
$$= D(T) E\left[\exp\left(-\int_0^T \lambda_t \, dt\right)\right] E\left[\exp\left(-\int_0^T \gamma_t \, dt\right)\right]$$

このように変形すると,右辺で問題となるのは 2 つの期待値の計算であるが,最初の期待値は λ_t にかかわるもので,これは,その確率微分方程式のが CIR モデルと一致していることから,CIR (1985) の結果を流用すればよい. 2 番目の期待値は, γ_t にかかわる部分であるが,これもまた Black–Scholes (BS) の株価モデルにおいてドリフトが 0 である場合に一致するのでよく知られた BS モデルの結果を流用すればよい.

次に (6.2) 式の第 3 項の主要部分を独立の仮定に基づいて書きなおすと次のとおりである.

$$E\left[\lambda_T \exp\left(-\int_0^T r_t + \lambda_t + \gamma_t \, dt\right)\right]$$
$$= D(T) E\left[\lambda_T \exp\left(-\int_0^T \lambda_t \, dt\right)\right] E\left[\exp\left(-\int_0^T \lambda_t \, dt\right)\right]$$

となるが,ここで最後の期待値は前出の BS モデルと共通である. 問題は最初

の期待値部分であるが,これについてもすでに Duffie and Singleton (1999) で扱われているので,その結果を流用して結論が得られる. すなわち,

$$CB(c,w,T) = c\int_0^T A(t)\exp(B(t)\lambda)C(t)D(t)e^{-\gamma t}dt$$
$$+ A(T)\exp(B(T)\lambda)C(T)D(T)e^{-\gamma T}$$
$$+ (1-w)\int_0^T \exp(B(t)\lambda)C(t)D(t)(G(t)+H(t)\lambda)e^{-\gamma t}dt$$

ただし,

$$A(t) = \exp\left(\frac{\alpha(\beta+\phi)}{\sigma^2}t\right)\left(\frac{1-\kappa}{1-\kappa e^{\phi t}}\right)^{\frac{2\alpha}{\sigma^2}}$$

$$B(t) = \frac{\beta-\phi}{\sigma^2} + \frac{2\phi}{\sigma^2(1-\kappa e^{\phi t})}$$

$$C(t) = \exp\left(\frac{\eta^2 t^3}{6}\right)$$

$$G(t) = \frac{\alpha}{\phi}(e^{\phi t}-1)\exp\left(\frac{\alpha(\beta+\phi)}{\sigma^2}t\right)\left(\frac{1-\kappa}{1-\kappa e^{\phi t}}\right)^{\frac{2\alpha}{\sigma^2}+1}$$

$$H(t) = \exp\left(\frac{\alpha(\beta+\phi)+\phi\sigma^2}{\sigma^2}t\right)\left(\frac{1-\kappa}{1-\kappa e^{\phi t}}\right)^{\frac{2\alpha}{\sigma^2}+2}$$

$$\phi = \sqrt{2\sigma^2+\beta^2}$$

$$\kappa = \frac{\beta+\phi}{\beta-\phi}$$

また CDS プレミアムは次のとおりである.

$$s = \frac{w\int_0^T \exp(B(t)\lambda)D(t)(G(t)+H(t)\lambda)\,dt}{\int_0^T A(t)\exp(B(t)\lambda)D(t)dt}$$

以上の議論に関する原論文である Longstaff et al. (2005) では,この理論モデルのパラメータを推定することによってコンビニエンスイールド部分を分離して求め,それを回帰分析によって流動性リスクプレミアムやその他要因に分解している. しかし,わが国では 6.1.1 項で見たとおり,CDS が純粋なデフォルトリスクプレミアムのみで決まっている可能性は低い. また,パラメータを推定するのに十分な数の社債を発行している企業は限られており,同モデルを利用した実証分析は難しい.

6.3 社債の実証分析に関する先行研究

社債スプレッドの要因分解に関する実証分析については，これまで多くの先行研究があるが，その多くは信用リスクプレミアムに加えて，流動性リスクや，クーポンや満期などの影響があると指摘している[*8]．

近年の代表的な研究としては，白須・米澤（2008）はパネル分析により社債スプレッドの要因分解を試み，主な構成要因として，信用リスク以外に流動性要因が重要であることを指摘している．とくに経済状況が悪化しているときに流動性の高い国債へ資金が逃避し，社債スプレッドが拡大することを実証的に示している．また，神楽岡（2007），王（2011）などは流動性を代表するであろう代理変数と債券属性との因果関係を調べるなどして，複数ディーラーが示す売買参考値の最大・最小価格（利回り）格差が流動性リスクを表す代替的指標として有用であることを示している．そのほかにも，中村（2009），菊池（2011）など，わが国の社債スプレッドの要因分解による流動性リスクなどの実証分析に関する報告は複数存在する．

欧米においては，Longstaff *et al.* (2005) は社債のみならず CDS プレミアムと組み合わせながらその構成要因を調べている点で他の研究と異なる視点を提供している．ただし，各種要因の代理変数による回帰分析で要因分解を行うことはその他の研究と同様で，その結果，流動性リスク要因や節税効果（クーポン効果）などが有意に影響していることを示している．

欧米の研究では，CDS プレミアムは当該企業の純粋なデフォルトリスクのみを反映して決まっているとみなして理論モデルを構築することや，また，単純に社債スプレッドから CDS プレミアムを控除した残りの部分（CDS ベーシス）がデフォルトリスク以外の要因（たとえば流動性リスクなど）で決まるとみなすことに違和感がないようである．しかし，6.1.1 項で確認したように，わが国では CDS と社債スプレッドについてこうした単純な構造を仮定することは適切でないと思われる．

そこで本書では，社債スプレッドと CDS プレミアムの2つを同様の説明変

[*8] 白須・米澤（2008）が詳細な先行研究サーベイを行っていて参考になる．

数で分解する実証分析を行い，結果を比較することによって価格形成の実態を調べることにする．

6.4 分析の概要

6.4.1 データの概要

(1) CDS プレミアム・データ

QUICK 社は Astra Manager（オンライン情報サービス）にて独自に集計した CDS 業者間平均値（3，5，10 年満期）を提供しており，東証一部上場銘柄を対象に 2006 年 9 月～2011 年 3 月の月末値をダウンロードして利用した（132 銘柄）．

(2) 公社債データ

日本証券業協会がウェブサイト上に公表している社債店頭売買参考統計を利用した．同データは公社債の店頭売買を行う証券会社の集計データであり，債券の属性（償還日，利率，利払い日など），売買単価や複利利回りなど価格情報の平均値や標準偏差，最大・最小値などを収録している．ただし，流動性指標として有用なビッド・アスク気配値もしくはそのスプレッドは含まれていない．2006 年 9 月～2011 年 3 月の月末日データをダウンロードして利用した（p.103 の脚注 2 を参照）．

(3) 信用格付データ

QUICK 社の Astra Manager から S&P と R&I が公表している長期発行体格付の月末基準をダウンロードして利用した．本来，社債は発行時点で個別に格付を取得するが，発行時の格付データを入手することが困難であること，また発行時点の格付が観測時点の格付として適切とは限らないこと，さらに格付が必ずしも信用力を表すとは限らないこと（回収率なども考慮している）などから，信用力評価に際して他の説明変数を併用することを前提に，発行体格付を簡便的に用いた．

本書では，主に S&P 社の格付を利用しているが，一部カバーされていない企業については，R&I の格付が存在する場合には，それを 2 ノッチダウングレードしたものを補完として用いることにより，分析データ母

集団数の減少を回避した[*9]．プラスとマイナスの符号を取り去ると，ユニバースには AA から B までの 5 段階しか含まれていなかった（データの概要を表 6.1 に示す）．

(4) 財務データ

QUICK 社の Astra Manager から，分析に必要な金利・株式市場データおよび財務データをダウンロードして利用した．

6.4.2　分析対象ユニバース

分析を簡単にするため，以下の条件でユニバースを制限した．
- 銀行は度重なる合併に伴う処理，ホールディングカンパニー傘下企業が発行する債券の集計処理などが煩雑なことからユニバースから除外した．
- デフォルト距離を使う分析（後述のパネルデータ分析）では，一般事業会社と財務諸表項目が異なるため，同じ計算式を適用できない金融セクター

表 6.1　分析データの概要（2006 年 9 月～2011 年 3 月，55 カ月）

パネル A：社債スプレッド（満期 3～7 年）

格付	レコード総数	銘柄数（平均）	平均	標準偏差	最小	最大
AA	1399	25.4	18.5	9.4	8.6	151.1
A	2426	44.2	28.4	14.9	8.5	139.3
BBB	4105	74.6	52.2	41.2	13.4	422.8
BB	995	18.1	135.2	140.9	19.3	1582.2
全体	8928	162.3	49.7	64.5	8.5	1582.2

パネル B：CDS プレミアム（満期 5 年）

格付	レコード総数	企業数（平均）	平均	標準偏差	最小	最大
AA	778	14.1	29.0	28.1	2.6	387.6
A	1682	30.6	51.8	60.6	4.4	977.4
BBB	2258	41.1	90.5	129.3	6.8	2394.1
BB	988	18.0	219.1	270.5	9.1	2108.8
B	27	1.0	1341.5	1259.8	334.6	6110.7
全体	5733	104.2	98.9	196.6	2.6	6110.7

[*9] S&P と R&I の格付は，最高の AAA から最低の D に至るまで 22 段階に分けられている．2006 年 9 月から 2011 年 3 月までの月末値で確認したところ，S&P と R&I の両方の発行体長期格付が同時に付されている 4311 企業において，両者の格付の差異は，平均で 2.094 ノッチ（標準偏差は 1.087）だった．これを根拠に，R&I の格付を 2 ノッチダウングレードしたものが S&P の格付と同等であるとみなすこととした．

(銀行，保険，証券) 銘柄を除外した．
- 消費者金融は格付平均に比べて桁違いに高い CDS プレミアムで取引されるケースがあり，分析結果を不安定にすることから除外した．
- 社債の売買参考統計の表示価格/利回りが明らかに不適切な銘柄は除外した．
- 企業の信用格付や東証 17 業種分類コードが不明な銘柄も除外した．

参考として，次項で分析対象となるユニバース (社債については残存期間が 3 年以上 7 年未満の銘柄，CDS については 5 年満期 CDS) の基本情報を表 6.1 に示す．

6.4.3 説明変数

先行研究を参考に，社債スプレッドおよび CDS プレミアムの構成要因を，信用リスク，株式リスク，社債および CDS 自身の流動性リスクの 3 つに関連する代理変数を以下のとおり決定した．また，銘柄横断的に共通の経済状態を表すファンダメンタルを表す変数も決定した．

a. 信用リスクの代理変数

信用リスク関連の代理変数としては，先行研究では「短期金利」「長期金利」「長短スプレッド (スロープ)」「景気指数」「株価 (インデックス)」などの金融・マクロ変数，「負債比率」「手元流動性」「時価総額」「株価ボラティリティ」などの財務・株価関連変数，さらに，「信用格付」構造モデルから推定される「デフォルト確率」，「デフォルト距離」などが採用されている．Merton モデルなどに基づいて計算されるデフォルト確率推定値は社債スプレッドの説明力が低いという指摘 (Eom et al. (2004) など) もあるが，商用ベースで成功を収めた KMV モデルや，シンガポール国立大学のリスクマネジメント研究所 (Risk Management Insuitute : RIM) における Credit Research Initiative など，Merton モデルを積極的に利用する事例も多い．本書では信用格付とデフォルト距離を中心に以下の 3 つを選択した．( ) 内は社債スプレッドおよび CDS プレミアムを被説明変数とした場合に期待される符号条件である．

(1) 信用格付ダミー：D^A, D^{BBB}, D^{BB} (+)

最高の AAA から最低の D までの 10 段階の格付について設定するダミー変数．ただし，分析対象ユニバースに含まれる最高格付は AA であるこ

とから，AA を基準として（モデルの切片に対応），A 以下の格付についてダミー変数を設定した．

(2) 信用格付ランク：$RN22$ (+)

最高の AAA から AA+，AA，AA−，と続いて最低の D に至るまでの 22 段階の格付について，1〜22 の整数に対応させた変数．ただし，ユニバースに含まれる最高格付は AA（$RN22 = 3$）で，最低格付が BB− ($RN22 = 13$) である．

(3) デフォルト距離（対数値）：$\ln DD$ (−)

6.2.2 項に説明した Merton モデルにより推定したデフォルト距離の対数値．

b. 株式リスクの代理変数

株式リスク関連の代理変数として，先行研究では「市場インデックス」「株価」「株式収益率」「株価のジャンプ幅」「ボラティリティ」などが採用されている．しかし，こうした株価関連の変数が信用リスクと関係していることは容易に想像できる上に，先行研究では信用リスクの代理変数として扱われ，有効な変数であることが確認されている．信用リスクと独立な変数を選択することは難しいが，ここでは株式の価格変動リスクや流動性リスクを代表する変数として，Amihud (2002) で示された ILLIQ と呼ばれる流動性指標を含む 3 つを選択した．

(1) ベイズ修正対 TOPIXβ 値：$Beta$ (+)

過去 60 カ月データから推定した対 TOPIXβ 値のベイズ修正値を株式の長期的な株式リスクを代表する指標として採用した．

(2) ヒストリカルボラティリティ（対数値）：$\ln HV$ (+)

過去 20 日の日次株式収益率で推定したヒストリカルボラティリティ．株式の短期的なリスク指標として採用した．ここでは月末を基準日とする月次データで分析していることから，これはおよそ当該月の日次ボラティリティとみなすことができる．

(3) 非流動性ファクター（対数値）：$\ln ILLIQ$ (+)

Amihud (2002) を参考に，日次の株価データおよび出来高から計算できる非流動性の指標 $ILLIQ$ の対数値を修正して用いた．月次の $ILLIQ$

は，当該月の営業日数を D 日，第 d 日目の高値と安値をそれぞれ H_d，L_d，出来高を V_d，その日の基準株価を $\bar{P}_d = (H_d + L_d)/2$ として次のように計算される指標である．

$$ILLIQ = \frac{1}{D} \sum_{d=1}^{D} \frac{(H_d - L_d)/\bar{P}_d}{V_d \bar{P}_d} \quad (6.3)$$

すなわち $ILLIQ$ は単位取引金額あたりの株価変化率である．出来高の大きい銘柄で小さくなる傾向があるため，時価総額と負の相関が生じやすいという性質がある．一方，多くの先行研究で指摘されているとおり，株式時価総額と信用リスクには強い負の相関があるため，$ILLIQ$ が時価総額と負の相関を示すことは問題である．そこで，本分析では (6.3) 式で求めた $ILLIQ$ を時価総額で割ることによって時価総額に対して中立化するように修正して用いた．

c. 流動性リスクの代理変数

流動性リスクの代理変数として，先行研究では「ビッド・アスク・スプレッド」「価格ボラティリティ」「社債発行額」「発行後経過年数」（発行直後は活発に取引され on-the-run といわれる）「残存期間」（償還が近くなると取引が活発になる）「金融機関ダミー」（金融機関の社債は他よりも取引が活発）「AAA もしくは AA 格付のダミー変数」（質への逃避といわれる現象に対応）「取引回数」「ゼロリターン日数」，さらに「LIBOR–国債スプレッド」などのマクロ系ファクターなどが採用されている．しかし，本書では入手可能なデータに制約があること，CDS と比較するために満期を限定した社債スプレッドに注目していることから，こうした代理変数の多くを利用できない．そこで，必ずしも流動性指標として一般的ではないが，神楽岡 (2007)，王 (2011) で有効性が示された社債の HLG 指標（社債店頭市場売買参考統計における業者間の高値および安値の格差）を流動性リスクの代理変数として利用する．

(1) 社債の HLG 指標（対数値）：$\ln HLG$ (+)

社債の流動性リスクの代理変数として HLG 指標を採用した．具体的には，各社債の満期年限が 3 年に最も近い社債について，売買参考統計値の高値 H と安値 L および平均値 P を使って，

$$\ln HLG = \log\left(\frac{H-L}{P}\right)$$

として，個別企業ごとに毎月末に計算した値を採用した．

(2) CDS の HLG 指標（対数値）：$\ln HLGcds\ (+)$

CDS データには，バークレイズ，BNP パリバ，JP モルガン，モルガンスタンレー，みずほ，シティの 6 行がそれぞれ提示したプレミアム値を格納しているので，それらの高値（H）と安値（L），QUICK 平均（P）を使って社債と同様に HLG 指標を計算した．ただし，リーマンショック以降はプレミアムを提示しない銀行も増えて，2, 3 行の価格データしか得られないケースも多い．可能な限り適切な推定値を得るために，月末値だけでなく，月中の日次データで推定した平均値を当該月末値として使用した．ここで計算している CDS の HLG 指標が CDS の非流動性を表す代理変数として適切か否かについては別途検証する必要があるが，ここでは行っていない．

(3) iTraxx 構成銘柄ダミー：$D^{iTraxx}\ (-)$

iTraxx は Markit 社がライセンスを保有して算出している日本国内企業 50 社の CDS 指数であり，その構成銘柄は相対的に流動性が高いものが選ばれている．ここでは，月末時点で iTraxx の採用銘柄に 1，非採用銘柄に 0 を与えたダミー変数を採用した．

d. ファンダメンタル変数

後述のパネルデータ分析では，クロスセクションと時系列のデータを一度に用いてパラメータを推定するが，すべての銘柄に共通して影響を及ぼす基礎的な効果を考慮しておく必要がある．先行研究では，「株式インデックス」「長期金利」「短期金利」「長短金利差」「景気指数」などが用いられることがあるが，ここでは単純に以下の2つとした．

(1) 東証一部株価指数（対数値）：$\ln TOPIX\ (-)$

株価上昇は経済状態の改善を意味し，信用リスクや流動性リスクの低下を導くので，イールドに対する符号条件はマイナスとみなせる．

(2) 10 年国債のパーイールド（対数値）：$\ln JGB10y\ (+\ \text{or}\ -)$

長期金利の代表として国債価格データから推定したパーイールド期間構

造の 10 年満期の値を採用した．経済状態が悪化すると「質への逃避」により国債金利は低下する一方で信用スプレッドは拡大する傾向になるが，格付の高い社債は「質への逃避」の対象となりうるので，社債スプレッドや CDS プレミアム全般に対する符号条件は必ずしも断定的なことはいえない．

6.5 分析 1：回帰分析による構成要因分解

6.5.1 モデル

社債スプレッドと CDS プレミアムを被説明変数とする以下の重回帰モデルを，各月ごと（各 t ごと）に銘柄横断的（クロスセクション）データから推定する．

$$\begin{aligned}y_t = {} & \alpha_t^{AA} + \beta_t^{A} D_t^{A} + \beta_t^{BBB} D_t^{BBB} + \beta_t^{BB} D_t^{BB} \\ & + \beta_t^{Beta} Beta_t + \beta_t^{HV} \ln HV_t + \beta_t^{ILLIQ} \ln ILLIQ_t \\ & + \beta_t^{HLG} \ln HLG_t + \beta_t^{HLGcds} \ln HLGcds_t + \beta_t^{iTraxx} D_t^{iTraxx} \\ & + \beta_t^{X\_CDS} F_t^{X\_CDS} + \beta_t^{Maturity} Maturity\end{aligned}$$

(6.4)

採用した説明変数は，信用リスクの代理変数としては，信用格付ダミーに限定し，株式リスクおよび流動性リスクの代理変数はそれぞれ候補として挙げた 3 つを採用し，ファンダメンタル変数は月ごとに推定するので採用しなかった．また，社債スプレッドを被説明変数とする場合は，CDS が取引されていない企業が発行する銘柄も含んでいるため，CDS の流動性指標である $HLGcds$ が欠損値となることから，それを 0 で代替すると同時に欠損値フラグ（$HLGcds$ が欠損値の場合 $F^{X\_CDS} = 1$，それ以外 $F^{X\_CDS} = 0$）を追加して，欠損によるバイアスを調整した．また，社債スプレッドの分析で採用されている銘柄は必ずしも満期が一定でないため，満期効果によるスプレッドの違いを吸収する目的で，満期年限を $Maturity$ として説明変数に追加した．

例 6.1 (6.4) 式の説明変数は互いに単位が異なるため，単純に回帰係数の大

きさを比較しても被説明変数に対する寄与について情報が得られない．寄与度を比較するためにはどのような方法があるか．

回帰分析を実行する前に，説明変数を平均が 0，標準偏差が 1 になるように基準化すれば，単位に関係なく回帰係数を比較することができるようになる．このような回帰係数を**標準回帰係数**という[*10]．また，説明変数の 1 つを除外して推定した場合の決定係数の減少幅（偏決定係数）の大きさで当該変数の寄与を計測するという方法もある．

ただし，標準回帰係数は，説明変数どうしが無相関であれば，そのまま説明変数への寄与（単位説明変数変化に対する被説明変数変化量）を表すが，実際には説明変数間にある程度の相関が認められることが多いので，標準回帰係数の大きさが被説明変数の変化量を正確に表すわけではないことに注意しよう．

本分析においても，ダミー変数（D^A, D^{BBB}, D^{BB}, D^{Traxx}, F^{X_CDS}）以外の説明変数はすべて基準化することとした．

6.5.2　推　定　結　果

a.　結果の概要

2009 年 6 月～2011 年 3 月の 55 カ月について，月ごとにクロスセクション回帰を実施して，得られた係数についての平均値の検定を行った結果を表 6.2 に示した．ただし検定にあたっては，回帰係数に系列相関が認められたため **Newey–West** 修正を行っている．

はじめに信用リスクの代理変数について見ると，社債プレミアムの β_A は有意な負値で推定されていて，その差を対数変換前の値に換算すると exp(3.356 0.114) − exp(3.356) = −3.1bp である．つまり，社債については，その他要因を調整した後で見れば，平均的に A 格のスプレッドが AA 格よりも 3.1bp だけ小さかったということである．AA 格には電力会社が多く含まれていることから，業種の違いが強く影響した可能性もあるが，分析対象ユニバースがある条件の下で制限されていることの影響もあるだろう．ここではあまり深入りせず，AA 格と A 格の社債スプレッドには大差がない，という程度の意味合いと

[*10]　標準回帰係数と 3.2.1 項で示したファクターリターンは同じである．

6.5 分析 1：回帰分析による構成要因分解

表 6.2 社債スプレッドと CDS プレミアムの回帰分析結果

回帰係数	社債スプレッド $\ln Spread$		CDS プレミアム $\ln CDS$	
α^{AA}	3.356 **	(−31.76)	2.992 **	(12.33)
β^{A}	−0.114 **	(−4.62)	0.269 **	(5.20)
β^{BBB}	0.248 **	(5.73)	0.765 **	(10.68)
β^{BB}	0.876 **	(13.46)	1.448 **	(15.15)
β^{Beta}	0.124 **	(16.71)	0.066 **	(3.24)
β^{HV}	0.126 **	(3.94)	0.235 **	(5.03)
β^{ILLIQ}	0.018	(1.94)	−0.004	(−0.41)
β^{HLG}	0.201 **	(8.54)	0.112 **	(6.26)
β^{HLGcds}	−0.020	(−1.40)	−0.037 *	(2.54)
β^{iTraxx}	−0.061 **	(−3.58)	0.243 **	(16.49)
β^{X_CDS}	0.069 **	(4.72)		
$\beta^{Maturity}$	−0.118 **	(−7.05)		
決定係数	0.645		0.703	

( ) 内は t 値．**は 1％，*は 5％の有意水準で帰無仮説を棄却の意味．モデルは以下のとおり．各月（55 カ月）で推定した回帰係数に系列相関が認められたため Newey–West 修正による t 検定を実施した．

$$y_t = \alpha_t^{AA} + \beta_t^{A} D_t^{A} + \beta_t^{BBB} D_t^{BBB} + \beta_t^{BB} D_t^{BB}$$
$$+ \beta_t^{Beta} Beta_t + \beta_t^{HV} \ln HV_t + \beta_t^{ILLIQ} \ln ILLIQ_t$$
$$+ \beta_t^{HLG} \ln HLG_t + \beta_t^{HLGcds} \ln HLGcds_t + \beta_t^{iTraxx} D_t^{iTraxx}$$
$$+ \beta_t^{X\_CDS} F_t^{X\_CDS} + \beta_t^{Maturity} Maturity$$

して受け止めておくべきと考える．いずれにせよ，それ以外の信用格付ダミー変数については，予想される符号や大小関係になっている．

次に，株式リスクの代理変数について見ると，β_{Beta} および β_{HV} が社債および CDS の両方についてプラスに有意な係数として推定されている．また，流動性リスクの代理変数については，β^{HLG} が社債と CDS の双方に有意な正値を示す一方で，β^{iTraxx} は社債についてマイナス，CDS プレミアムに対してプラスという逆の符号になっている．

b. 寄与度分析

比較を容易にするために，とくに重要な説明変数について対数変換する前の値に換算して示そう．AA 格の切片を基準としてその他説明変数の寄与の大きさを計算すると，切片 α^{AA} は社債と CDS についてそれぞれ exp(3.328) = 27.9bp，exp(2.992) = 19.9bp となるので，たとえば，β_{Beta} の寄与は，それぞれ

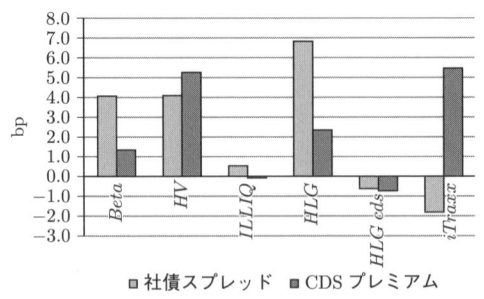

図 6.2 株式/流動性リスク代理変数の寄与（bp）

$\exp(3.328 + 0.123) - 27.9 = 3.7\mathrm{bp}$, $\exp(2.992 + 0.066) - 19.9 = 1.4\mathrm{bp}$ となる．同様の方法で信用格付ダミー以外の変数の寄与を計算してグラフに表したものが図 6.2 である．

結果を見ると，株式リスクの変数では β 値（$Beta$）やボラティリティ（HV）が社債スプレッド/CDS プレミアムに対してプラスの寄与を示していることがわかる．因果関係を裏づける結果ではないが，株式リスクが高い企業の社債スプレッド/CDS プレミアムが高いという関係を示している．

また，流動性リスクの変数では社債の非流動性（HLG）が，社債スプレッドのみならず，CDS プレミアムに対してもプラスの寄与を示していることが注目される．これは，非流動的な社債発行企業の CDS プレミアムは高くなる傾向があるということなので，「社債 → CDS」もしくは「CDS → 社債」という因果関係を想定した場合，流動性の低い社債の代替として CDS が取引されると考える方が自然であることから，社債の非流動性を CDS で満たすという需要の存在を示唆する結果と思われる．このような解釈は，β^{X_CDS} が有意に正値であること，すなわち，CDS が取引されていない企業の社債スプレッドが相対的に高い（CDS が取引できる企業の社債スプレッドは相対的に小さい）こととも整合的である．

さらに，$iTraxx$ の符号が社債でマイナス，CDS でプラス，という結果も社債と CDS の価格形成を考える上で重要な示唆を与える．すなわち，社債スプレッドについての β^{iTraxx} 係数がマイナスであるということは，iTraxx 採用銘柄が非採用銘柄よりも割高に価格付けされていることを意味する．iTraxx に採

用されるCDSは相対的に流動性が高いので，信用リスク拡大局面においてもCDSプロテクションを購入することが比較的容易で，その結果，社債売却（＝価格下落）が抑制され，割高になっていたと説明できるだろう．

一方で，iTraxx採用銘柄は相対的に流動性が高い銘柄であるため，流動性プレミアムが低く抑えられ，CDSプレミアムは相対的に低くなると考えられる．しかし，β^{iTraxx}はプラスに有意な値として推定されているということは，実際にはiTraxx採用銘柄のプレミアムは相対的に高くなっているのである．これは，CDSプレミアムに対する社債非流動性の係数β^{HLG}がプラスに推定されたことと併せて考えると，社債が簡単に売却できないことがCDSへの需要を生み出し，CDSプレミアムの高騰を招いていた結果である，と説明できるだろう．

c. まとめ

以上のとおり，「社債スプレッド＜CDSプレミアム」という状況がなぜ生じたかという当初の疑問に対しては，代表的リスクファクターの代理変数による回帰分析の結果，著しく流動性の劣る社債の非流動性がCDSへと漏出した効果である可能性が否定できないことがわかった．

ただし，社債スプレッド/CDSプレミアムの水準を被説明変数にする重回帰モデルにおいては，そもそも個別企業の重大な属性などがそれらを支配的に決定している可能性があり，社債の非流動性とCDSプレミアムの直接的な関係を示したわけではない．次節ではこの点について検討する．

6.6 分析2：パネルデータ分析

6.6.1 パネルデータ・固定効果モデル

a. モデル概要

前節では社債スプレッドとCDSプレミアムを複数の説明変数で回帰して，それぞれの構成要因に分解して示す試みを紹介したが，具体的な数値で計測できない要因，たとえば，経営者の能力や企業の歴史や文化的な価値などが，CDSや社債価格に影響を及ぼしている可能性が否定できないため，批判もあると思われる．

そのような非観測な要因を変数 z で表して，改めて回帰モデルとして，

$$y(i,t) = \alpha + \sum_{j=1}^{m} \beta_j x_j(i,t) + \gamma z(i,t) + u(i,t), \quad i=1,\ldots,N;\ t=1,\ldots,T$$

と表すことができるとしよう．ただし回帰係数は各期間 (t) によらず一定，銘柄数はすべての期間で共通の N としている．ここで非観測な z が被説明変数に対して有意な影響を及ぼしているにもかかわらず説明変数から除外されていると，z は誤差項 u の一部として推定されることになるため，誤差項が本来の要件を満たさず推定量にバイアスが生じることになる．そこで，z が具体的に何であるかは議論せずに，個別銘柄ごとに一定である（$z(i,t) = z(i)$）と仮定して，切片項として内生的に決めてしまう方法が考えられる（パネルデータ・固定効果モデル）．すなわち，次のようなモデルである．

$$y(i,t) = \alpha_N + \sum_{n=1}^{N-1} z(i) 1_{\{n=i\}} + \sum_{j=1}^{m} \beta_j x_j(i,t) + u(i,t) \quad (6.5)$$

ここで，$1_{\{A\}}$ は指示関数で，A が真なら 1，偽なら 0 を返す関数である．(6.5) 式の α_N は第 N 企業固有の固定効果を表し，N 以外の第 i 企業の固定効果は α_N に対する相対差 $z(i)$ としてモデル化されている．このように，銘柄横断的な格差を吸収する固定効果のほかに，異時点間の格差を吸収する目的で（もしくはその両方を同時に）導入することもできる[*11]．

b. 推定方法

パネルデータ・固定効果モデルの推定は以下のとおりに行うことができる．被説明変数 $y(i,t)$ と説明変数 $x(i,t)$ をについてそれぞれ企業 (i) ごとにデータ期間 (t) の平均値を控除して，

$$Y(i,t) = y(i,t) - \frac{1}{T}\sum_{t=1}^{T} y(i,t), \quad X_j(i,t) = x_j(i,t) - \frac{1}{T}\sum_{t=1}^{T} x_j(i,t)$$

とすると，$Y(i,t)$ とすべての $X_j(i,t)$ は銘柄ごとの平均値が 0 になるので，(6.5) 式の切片はすべて無視できて，

$$Y(i,t) = \sum_{j=1}^{m} \beta_j X_j(i,t) + u(i,t), \quad i=1,\ldots,N;\ t=1,\ldots,T$$

[*11] パネルデータ・固定効果モデルについては千木良ほか（2011）の第 1 章などを参照せよ．

となる.ここで,回帰係数は元のモデルと変わらないことに注意しよう.このようにデータ変換すれば,通常の最小二乗法（プール回帰）で β_j を推定できる.

また,(6.5) 式について,t と $t-1$ の階差をとることで,

$$\Delta y(i,t) = \sum_{j=1}^{m} \beta_j \Delta x_j(i,t) + e(i,t)$$

が得られる.式中の Δ は 1 期前との階差という意味である.誤差項 $u(i,t)$ は IID であることから $\Delta u(i,t)$ もまた IID なので,改めて $e(i,t)$ としている.このように,パネルデータ・固定効果モデルは階差モデルとして理解することもできる.

6.6.2 被説明変数：社債スプレッドの推定

パネルデータ分析では,クロスセクションと時系列の 2 方向データを同時に扱うため,分析の途中でユニバースが変わると都合が悪い[*12].したがって,年月が経過すると償還してしまう社債のスプレッドを被説明変数とするのではなく,ここでは以下の方法で満期 3 年の社債パーイールドを推定し,3 年満期の CDS と比較分析することとした.なお,5 年ではなく 3 年としたのは,満期が短いほうが取引されている社債の数が増える傾向があり,企業ごとに社債のパーイールドを推定するためにはそのほうが都合が良いからである.

まず,第 5 章に示した逐次計算法で国債のゼロイールドを求め,さらに,社債についても国債と同様の方法で個別企業ごとに複数発行されている社債価格からゼロイールドを推定する.計算には Matlab の zbtprice 関数を利用した.さらに求めたゼロイールドから,zero2yld 関数を使って満期 1 年ごとのパーイールドの期間構造を決定した.

ただし,企業ごとに発行している社債数にばらつきが大きく,とくに発行銘柄数が少ない企業については信頼できるイールドカーブを推定できない可能性がある[*13].そこで,以下の要領で社債イールドカーブを補完することとした.

[*12] ユニバースが一定でない場合,すなわち最大ユニバースのデータに欠損があることを許容するアンバランス・パネルデータ分析手法もある.

[*13] 2011 年 3 月末において CDS データのユニバースに含まれる 106 社について企業ごとに取引されている社債数を調べたところ,平均銘柄数は 12.5,標準偏差は 15.9,最小が 1,最大が 90 であった.また,106 社のうちで社債が 1 銘柄しか取引されていないのは 7 社あった.

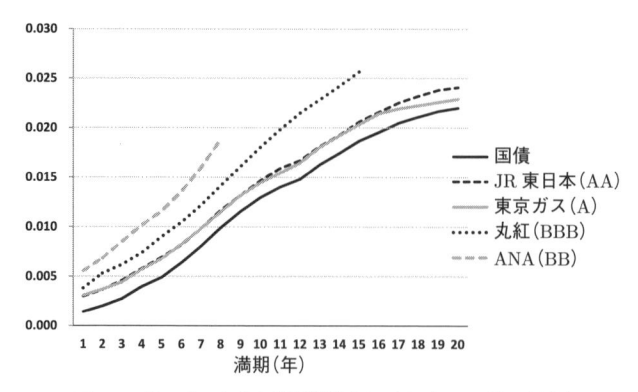

図 6.3 ゼロイールドの期間構造サンプル（2011 年 3 月末）

まず，取引銘柄数に応じてなめらかさの異なるゼロイールドの期間構造が推定されるが，2 銘柄以上が取引されている企業については，満期について 2 時点以上のゼロイールドが決まるので，それを線形補完することによって，最短満期期間から最長満期期間に至るまでの 1 年ごとのゼロイールドを決定した．社債が 1 銘柄しか取引されていない企業については，当該社債と同じ満期における国債のゼロイールド・スプレッドを計測し，そのスプレッドを国債のゼロイールドに上乗せすることで，仮想的なゼロイールドの期間構造を決定した．社債スプレッドは，こうして求めた社債と国債のパーイールドにおける満期 3 年のスプレッドとして計測した．

参考として国債および代表的社債から求めたイールドカーブを図 6.3 に示した．

6.6.3 モデルと推定方法

a. モデル

満期 3 年の社債スプレッドおよび満期 3 年の CDS プレミアムを被説明変数 (y) とする以下のモデルを考える．

$$y(i,t) = \alpha_N + \sum_{n=1}^{N-1} \alpha_i 1_{\{n=i\}} + \beta_{TOPIX} \ln TOPIX(i,t)$$
$$+ \beta_{JGB} \ln JGB10y(i,t) + \beta_{DD} \ln DD(i,t)$$
$$+ \beta_{DD\_BBB} \ln DD(i,t) I_{BBB}(i,t)$$

6.6 分析 2：パネルデータ分析

$$+ \beta_{DD\_BB} \ln DD(i,t)\, I_{BB}(i,t) + \beta_{RN22}\, RN22(i,t)$$
$$+ \beta_{Beta}\, Beta(i,t) + \beta_{HV} \ln HV(i,t) + \beta_{ILLIQ} \ln ILLIQ(i,t)$$
$$+ \beta_{HLG} \ln HLG(i,t) + \beta_{HLGcds} \ln HLGcds(i,t)$$
$$+ \beta_{iTraxx} D^{iTraxx}(i,t) \tag{6.6}$$

ここで，説明変数は 6.4.3 項で説明したものから選択している．すなわち，ファンダメンタル変数から，東証株価指数と国債の 10 年パーイールドの 2 つ（$\ln TOPIX$, $\ln JGB10y$），信用リスクの代理変数からは，デフォルト距離（$\ln DD$）と信用格付（$RN22$），株式リスクの代理変数からはベイズ修正対TOPIXβ 値（$Beta$），ヒストリカルボラティリティ（$\ln HV$）および非流動性指標（$\ln ILLIQ$）の 3 つ，流動性リスクの代理変数からは，社債の HLG 指標（$\ln HLG$）と CDS の HLG 指標（$\ln HLGcds$），および iTraxx ダミー（D^{iTraxx}）である．ただし，デフォルト距離については，格付ごとに異なる回帰係数となる可能性に配慮して，BBB と BB の 2 つのグループについては，デフォルト距離（$\ln DD$）と指示関数 I_X（格付が X の場合に 1，そうでない場合に 0 を返す関数）の積を説明変数として追加している（$\ln DD_{BBB}$ と $\ln DD_{BB}$）．

b. データ期間の分割

パネルデータ分析では，クロスセクションと時系列のデータを同時に利用してパラメータ推定値を求めるので，データ期間中はパラメータを一定とみなしてよいか検討しなければならない．ここでは，2006 年 9 月から 2011 年 3 月までのデータを用意しているが，たとえば，リーマンショックを含む 2008 年前後とそれ以外の時期についてパラメータが変わる可能性を考慮する必要があると思われる．ここでは社債利回りや CDS プレミアムの推移グラフを見るなどして，2006 年 9 月から 2007 年 11 月までを安定期，2007 年 12 月から 2009 年 12 月までを危機期，2010 年 1 月から 2011 年 3 月までを回復期として，3 つの期間に分割することとした．

c. ステップワイズ法による変数選択

説明変数の数が多いことから，ステップワイズ法により変数選択を実施した．具体的には，最初に最も決定係数が高い説明変数を 1 つ取り込み，さらに別の説明変数を 1 つ追加した効果を F 検定で評価してその変数の採否を判断する，

という方法を繰り返し行い，すべての説明変数について採否を判断する方法である．ただし，変数が増えるたびにすでに採用されている変数を除外すべきか否かについても F 検定で判断する．ここでは，変数の採用・除外に関する F 検定の有意水準をいずれも 0.15 とした．ただし，ステップワイズ法を適用した結果，選択された変数が想定される符号条件を満たしていない場合には強制的に除外することとした．また，**多重共線性**の問題を回避するために，**分散拡大要因**（variance inflation factor：VIF）を確認し，慣例に従い 5.0 以上の変数は強制的に除外することとした[*14)]．

6.6.4 推 定 結 果

最終的に選択されたモデルについて推定結果を表 6.3, 6.4 に示した．なお，固定効果を現す α_i は表に含めていない．また，ステップワイズ法を適用した結果選択されなかった説明変数は空欄としている．

a. 社債スプレッドに関する概要

社債スプレッドを被説明変数とする場合（表 6.3）の決定係数を見ると，期間によらず非常に高い値となっている．この主な理由はファンダメンタル変数と各企業の固定効果の違いで説明できる部分が非常に大きかったことにある．表中の各変数は固定効果で説明できない社債スプレッドの違いを説明していることに注意しよう．

まず，信用リスク変数について見ると，安定期において選択されなかったものの，危機期と回復期においては，一部 5% 有意水準に満たない結果も含まれているが，デフォルト距離 $\ln DD$ 変数も選択される結果となり，社債価格が激しく変動した危機期と回復期においては，信用リスクが重要な決定要因であることが確認できた．しかし，信用格付 $RN22$ はいずれの期間においても選択されることはなかった．信用格付の水準と社債スプレッドや CDS プレミアムの水準に関しては強い関係があるが，それらの変化については有意な関係は見出せないと解釈できる．

株式リスク変数については，回復期で $Beta$ や $\ln ILLIQ$ が選択されている

[*14)] 実際に符号条件で $Beta$, $\ln HLGcds$ が何度か排除されたが，VIF 条件で排除された変数はなかった．

表 6.3 社債スプレッド（3 年満期，対数値）のパネルデータ回帰分析結果

	安定期 (06/9-07/12) 推定値 (t 値)	危機期 (08/01-09/12) 推定値 (t 値)	回復期 (10/01-11/03) 推定値 (t 値)
ファンダメンタル			
$\ln TOPIX$	1.547 ** (−12.55)	0.808 ** (−17.01)	0.371 (−1.88)
$\ln JGB$	−0.339 ** (−3.42)	0.008 (0.08)	0.670 ** (7.49)
信用リスク			
$\ln DD$		−0.382 ** (−6.65)	−0.484 ** (−5.81)
$\ln DD_{BBB}$		−0.182 ** (−2.90)	−0.091 (−1.86)
$\ln DD_{BB}$		0.203 ** (3.20)	−0.727 ** (−7.09)
$RN22$			
株式リスク			
$Beta$			0.080 * (2.08)
$\ln HV$	0.019 (1.26)		
$\ln ILLIQ$	0.011 (0.035)		0.171 ** (4.97)
流動性リスク			
$\ln HLGbnd$	0.035 ** (3.97)	0.090 ** (7.63)	0.096 ** (9.01)
$\ln HLGcds$			0.033 ** (3.08)
$iTraxx$			
企業数	34	65	58
データ月数	15	25	14
決定係数	0.950	0.863	0.924

推定値における**は 1%，*は 5%の有意水準で帰無仮説を棄却の意味．
$RN22$, $iTraxx$ はステップワイズ法を適用した結果，いずれのモデルにおいても選択されなかった．

表 6.4 CDS プレミアム (3 年満期, 対数値) のパネルデータ回帰分析結果

	安定期 (06/9-07/12) 推定値 (t 値)	危機期 (08/01-09/12) 推定値 (t 値)	回復期 (10/01-11/03) 推定値 (t 値)
ファンダメンタル			
$\ln TOPIX$	-4.377 **	-1.278 **	-1.156 **
	(-14.58)	(-19.25)	(-5.89)
$\ln JGB$	0.793	-0.775	1.266
	(3.30)	(-5.71)	(14.09)
信用リスク			
$\ln DD$		-0.778 **	-0.366 **
		(-21.85)	(-4.85)
$\ln DD_{BBB}$			
$\ln DD_{BB}$	0.168	-0.096 *	-0.322 **
	(1.88)	(-2.23)	(-3.44)
$RN26$			
株式リスク			
$Beta$			0.069
			(1.83)
$\ln HV$	0.141 **		0.132 **
	(3.80)		(5.10)
$\ln ILLIQ$		0.108 **	0.133 **
		(3.01)	(3.94)
流動性リスク			
$\ln HLG$	0.058 **	0.111 **	
	(2.76)	(7.48)	
$\ln ILGcds$			
$iTraxx$			
企業数	34	65	58
データ月数	15	25	14
決定係数	0.887	0.888	0.928

推定値における**は1%, *は5%の有意水準で帰無仮説を棄却の意味.
$RN22$, $iTraxx$ はステップワイズ法を適用した結果, いずれのモデルにおいても選択されなかった.

が，全般的にはっきりした傾向が確認できなかった．信用リスク変数であるデフォルト距離は株価を使って推定した変数であることから，ボラティリティ HV や非流動性 $ILLIQ$ など株式リスク変数と同様の情報を反映している可能性があり，そのため，デフォルト距離変数が選択された結果，株式リスク変数が除外された可能性があるだろう．

非流動性変数については，前節の回帰分析結果と同様に，$\ln HLG$ がデータ期間によらず有意に推定されていて，その他の変数よりも安定的な関係があることが確認できた．

b. CDS プレミアムに関する概要

CDS プレミアムを被説明変数とする場合の結果は表 6.4 に示した．CDS プレミアムについても，社債スプレッドの場合と同様に決定係数は非常に高い値となっており，ファンダメンタル変数と各企業の固定効果の違いで説明できる部分が大きかったことがわかる．

次に，信用リスク変数であるが，社債スプレッドの場合と同様に，価格変動が激しい危機期と回復期に変数が選択されている．ただし，選択されたのは，ユニバース全体に共通のデフォルト距離 DD と，BB 格付に関する変数で，BBB に関しては除外される結果となった．つまり，BBB 格の係数と AA および A 格のデフォルト距離に対する係数に違いは認められないが，BB 格まで低下すると過大な上乗せプレミアムが要求されることがわかった．

株式リスク変数については，時期によって選択される変数に違いがあるものの，いずれの時期においても有意な変数が選択されており，社債よりも CDS のほうが株式市場と結びつきが強い傾向を示している．とくに，$Beta$ のような長期的なリスクを表す変数よりも，1 カ月間の株価から計算されるボラティリティ HV や非流動性指標 $ILLIQ$ と強い関係が認められる．

流動性リスク変数については，社債の非流動性指標 HLG が，安定期と危機期で有意に推定されたが，回復期で選択される変数はなかった．とはいえ，前節の回帰分析結果と同様に，社債の非流動性が CDS に影響していることが確認されたことは重要である．

c. 寄与率の比較

モデルに採用された説明変数の被説明変数に対する寄与度を比較するために，

図 6.4 説明変数の寄与度

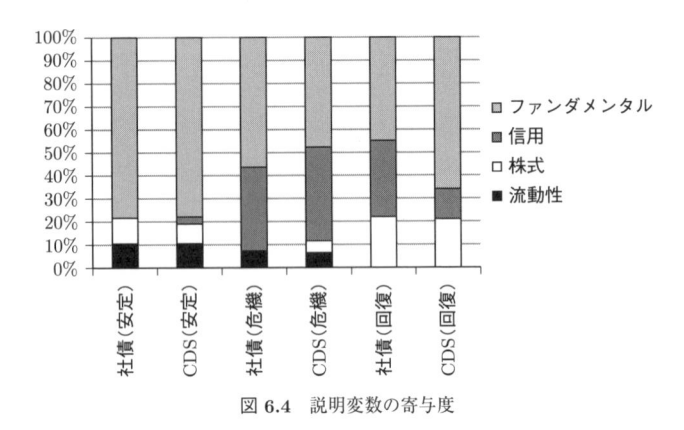

　最終的に選択された説明変数をすべて基準化して改めてプール回帰を実行し，次の方法で集計した．基本的には推定された回帰係数の大きさが当該変数の寄与を表しているとみなしてよいが，変数間に相関があるため厳密には正しい大きさを与えるものではない．そこで，変数個別の寄与を細かく測る代わりに，ファンダメンタル，信用リスク，株式リスクおよび流動性リスクの4つのグループについて，推定された回帰係数の合計を求め，全体を100%としてそれらの占率を求め，グラフとして図6.4に示した．

　結果を見ると，社債スプレッド/CDS プレミアム水準を決定する主要な要因が経済ファンダメンタルズで，とくに安定期には8割方がそれによって決まっているが，危機期や回復期など価格変動が激しい時期には，個別銘柄の違いを説明する信用，株式，流動性の変数の寄与度が高くなることがわかる．

　ファンダメンタル以外の要因を比較すると，とくに注目されることは，安定期においてほとんど個別企業の信用リスクの違いが社債/CDS 価格に反映されず，相対的に株式や流動性リスク要因が大きいことである．しかし，危機期では信用リスクが支配的な要因となり，回復期では信用リスクと株式リスク要因が支配的になっている．

　一方，流動性リスク要因は，安定期，危機期において一定の寄与を示しているが，回復期のように社債/CDS 価格が上昇する局面においては寄与が認められない結果となった．一般に，資産の市場価格変動は，下落するときが急激で上昇（回復）するときは緩やかであることが経験的に知られているが，こうし

た傾向が社債/CDS の価格変動にも認められるならば，この結果は整合的であると解釈できる．

d. まとめ

危機期において，「社債スプレッド＜ CDS プレミアム」となった原因について，パネルデータ分析の結果は危機期で社債の非流動性が CDS に影響していることを示唆しており，社債の非流動性（売却できないこと）が CDS へ波及した効果（CDS プロテクションの大きな需要）の原因になった可能性を示唆する結果が得られた．

しかし，寄与度分析では，社債の非流動性リスクが CDS プレミアムに大きく寄与したという証拠を示すことはできなかった．説明変数選択の議論で指摘したが，信用リスク，株式リスク，流動性リスクのそれぞれを代表する代理変数を選択するにあたって，そもそもそれらリスクが必ずしも独立に分離可能なものではないという問題がある．とくに変数の寄与を調べることは，試みとしては興味深いが，必ずしもわかりやすい結果が得られないことに注意すべきだろう．

6.7 分析3：株式収益率との関係

これまで，株価はデフォルト距離を介在して信用リスク変数として，さらに市場 β やボラティリティなどを介在して株式リスク変数として採用してきた．こうした例でわかるとおり，代理変数がそれぞれの要因を独立に代理していないという根本的な問題から，結果の解釈が困難になることがあった．そこでここでは，よりシンプルに社債スプレッドと CDS プレミアムおよび株価の関係について確認することとする．

6.7.1 相関係数

社債スプレッドと CDS プレミアムの関係を考えると，同じ企業の信用リスクを反映して決まるのであれば，両者の月次変化率には正の相関関係があると考えられる．また，株価と社債スプレッド/CDS プレミアムの関係については，株価も信用リスクを反映して変化するので，負の相関（価格変化とは正の相関）

を示すと考えるのが自然である．ただし，企業の増資などを考えると，信用リスクの低下と株価下落が同時に起きるため，株価と社債スプレッド/CDS プレミアムに正の相関が生じる場合もあり得るが例外的なことと思われる．

前節のパネルデータ分析で利用したデータを使って，CDS プレミアム，社債スプレッド，および株価についての月次変化率を求めて，個別企業ごとに相関係数を，安定期，危機期，回復期の3つに分けて推定した．各月で取引されている CDS のユニバースが異なるが，推定された相関係数の平均値を求めて，平均値の検定と併せて表 6.5 に示した．

結果を見ると相関係数の符号が異なるので，絶対値で比較する．さて，安定期には CDS と社債の相関が最も高く，次いで，CDS と株価，社債と株価の順になっている．ところが，危機期および回復期においては，CDS と最も相関が高いのは株価で，CDS と社債の相関はそれに次ぐものとなっており，とくに回復期においては，CDS と社債の相関は負の値を示すに至っている．なお，社債と株価の関係は，安定期と危機期でともに有意にマイナスであり，回復期では帰無仮説を棄却できない水準であった．

以上のとおり，平均値で見る限り，CDS は社債よりも株価と強く（負の）相関関係を示したことが確認された．一方，社債と株価は負の相関もしくは無相

表 6.5 CDS プレミアム，社債スプレッド，株価の月次変化の相関係数

		cds3y	spd3y	stock	企業数
安定期 06/9-07/12	cds3y	1.000 —	0.223** (4.850)	−0.214** (−5.686)	34
	spd3y		1.000 —	−0.175 (−3.785**)	
危機期 08/01-09/12	cds3y	1.000 —	0.366** (23.183)	−0.441** (−14.269)	65
	spd3y		1.000 —	−0.180** (−7.106)	
回復期 10/01-11/03	cds3y	1.000 —	−0.135** (−2.712)	−0.348** (−11.215)	58
	spd3y		1.000 —	0.056 (1.647)	

( ) 内は t 値を表す．**は 1%，*は 5%の有意水準で帰無仮説を棄却の意味．

関という予想外の結果になった[*15]．

6.7.2 クロスセクション回帰

CDS プレミアムの月次変化率が，株価の月次変化率と強い相関を示すことが前項の分析で確認できたが，信用リスクの影響を調整した場合にも，その関係性が残るか否かについて，クロスセクション回帰分析により調べた．ここでは，社債スプレッド変化率（$\Delta \ln Spread$）を被説明変数とする場合に，信用リスクの影響を吸収するための**操作変数**として CDS プレミアム変化率（$\Delta \ln CDS$）を説明変数に追加し，株価変化率（$\Delta \ln P$）の効果を計測した．逆に，CDS プレミアム変化率を被説明変数とする場合には，社債スプレッドを操作変数として利用した．

$$\Delta \ln CDS_{i,t} = \alpha_{CDS,t} + \beta_{CDS,t}\Delta \ln P_{i,t} + \gamma_{CDS,t}\Delta \ln Spread_{i,t}$$

$$\Delta \ln Spread_{i,t} = \alpha_{Spread,t} + \beta_{Spread,t}\Delta \ln P_{i,t} + \gamma_{Spread,t}\Delta \ln CDS_{i,t}$$

推定結果は表 6.6 に示した．CDS プレミアム変化率を被説明変数にした場合は，株価変化率および操作変数の回帰係数はいずれも 1％の有意水準で帰無仮説を棄却しており，操作変数で信用リスク要因を吸収しているにもかかわらず，クロスセクション回帰においても株価と CDS の強い関係性が確認できた．

一方，社債スプレッド変化を被説明変数とする場合については，操作変数である CDS プレミアム変化率の回帰係数は有意に推定されたが，株式変化率については有意な結果は得られなかった．

さらに回帰係数の安定性を検証するために，単月の回帰係数とその累積値を図 6.5 に示した．これを見て明らかなとおり，CDS に対する株価変化率の係数

表 6.6 CDS プレミアム，社債スプレッドの月次変化の回帰分析結果

Indep. Var.	α	β	γ	RSQR
$\Delta \ln cds3y$	0.027 (0.812)	-0.251^{**} (-5.867)	0.184^{**} (3.740)	0.11
$\Delta \ln spd3y$	-0.002 (-0.180)	-0.001 (-0.049)	0.110^{**} (3.535)	0.09

( ) 内は t 値を表す．**は 1％，*は 5％の有意水準で帰無仮説を棄却の意味．

[*15] 篠 (2010) は社債，CDS および株価の相関関係について分析し，同様の結果を報告している．

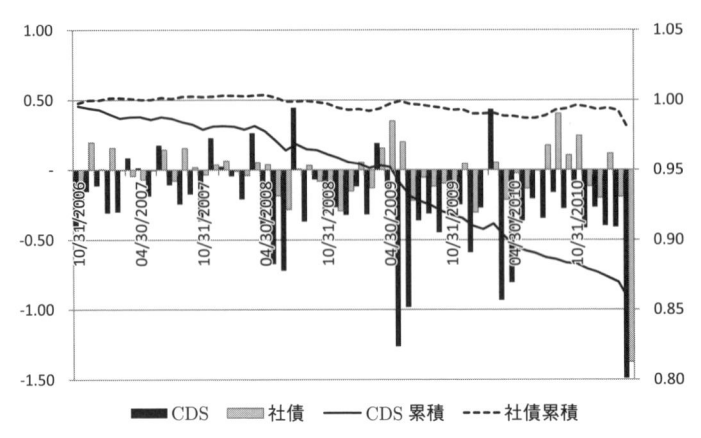

図 6.5 CDS プレミアムの月次変化に対する株式リターンの回帰係数推移

は安定的・継続的に負値を示していることが確認できる．リーマンショック以降には，回帰係数の絶対値が増加しているようにも見えるが，この関係性は一時的なものではないといえるだろう．

6.8 ま と め

Ericsson and Renault (2006) が示したとおり，社債スプレッドを構成する信用リスクプレミアムと流動性リスクプレミアムには正の相関関係が存在しているようである．それでも本書では，社債スプレッドを要因分解することによって，市場逼迫時における社債スプレッドと CDS プレミアムの関係について，流動性リスク要因の大きさを評価することによって説明することを目標に分析を進めてきた．

しかし，金融逼迫時には，信用リスクと流動性リスクの双方が同時に拡大したことによって両者の相関はより高まっていた可能性が高く，それゆえ，重回帰分析では，社債の非流動性である HLG 指標が CDS プレミアムに影響を与える効果が計測され，iTraxx 採用・非採用銘柄の違いを比較することで，社債の非流動性が CDS へと漏出し，CDS プレミアムを押し上げた可能性を実証的に指摘した．しかし，パネルデータ分析では必ずしも社債から CDS への因果

関係を示すことができなかった．

その理由としては，データの制約などもあって代理変数をうまく選択できなかった可能性を指摘した．今後，ビッド・アスク・スプレッドなど，より直接的に流動性を表す代理変数が利用できる機会を得た上で再検討すべき課題と心得ている．

また，ここで示した分析では，制度的な視点からの検討は行っていないが，たとえば社債の会計上の扱いなどに影響を受けている可能性も十分考えられ，したがって，制度面から示唆される仮説をモデルに反映することができれば，より頑健な方法でリスクプレミアム関係性を調べることが可能となることが予想される．

章 末 問 題

問題 6.1 ある一定期間に発生する事故の頻度をモデル化する場合には，Poisson 分布が利用されることが多い．ある一定期間における事故の発生確率が一定で，事故が独立して起きるとき，事故件数 X の分布は Poisson 分布に従うことが知られている．Poisson 分布は，単位期間の平均事故件数を λ（一定）とすれば，

$$Pr[X=x] = \frac{\lambda^x \exp(-\lambda)}{x!}$$

である．これを踏まえて次の問いに答えよ．

ある交差点における1年間の平均事故件数は3件であるとする．この交差点で年間に3件以上の事故が発生する確率はどれくらいあるか．

問題 6.2 以前某テレビ局の金融工学を扱った番組で，「5000人のローンポートフォリオで，ローンを払えない人が5％くらいいるとき，これは正二十面体のサイコロを振って，1が出る確率と同じであるが，これをもとに計算すると，支払い不能になる人は300人以下になることがかなり確実であることがわかる」という話があった．5000人の5％は250人なので，300人という数字はなきにしもあらず，と思えるが….直感的には，支払い不能になる人数が2，3人で済む確率はほぼ0であろうし，1000人を超える可能性も小さいと思われる．しかし，300以下で済む確率がどのくらいであるか，よくわからない．そこで，こ

の話のとおり5000人のローンポートフォリオのデフォルト確率を調べるために,5000個の正二十面体のサイコロを振ったときに同時にk個のサイコロで1が出る確率を求めてみよう.

正二十面体のサイコロの総数をn,1になるサイコロの数をkとして,上の問題を二項分布を使って定式化せよ.

〈ヒント〉 二項分布は,成功確率をp,失敗確率を$1-p$とする単純なBernoulli試行の「合計」の確率を与える.たとえば,コインを投げて表が出たら1,裏が出たら0とするとき,10回のコイン投げで合計3点になる確率はいくらだ,という問題に二項分布を適用することができる.

問題 6.3 問題6.2で求めた結果をExcelに実装して$n=500, k\leq 30$の場合と$n=5000, k\leq 300$の場合について計算せよ.

問題 6.4 今度は,同じ問題をベータ分布を使って実装し,$n=5000, k\leq 300$となる確率を計算せよ.

〈ヒント〉 二項分布に従う$X\sim B(n,p)$と,ベータ分布に従う$Y\sim \beta(k, n-k+1)$については,

$$P(X\geq k)=P(Y\leq p) \quad \Leftrightarrow \quad P(X\leq k)=1-P(Y\leq p)$$

という関係がある.ただし,ベータ分布の密度関数$g(x)$は

$$g(x)=\frac{1}{\beta(a,b)}x^{a-1}(1-x)^{b-1}, \quad 0<x<1$$

で,$\beta(a,b)$は,

$$\beta(a,b)=\int_0^1 y^{a-1}(1-y)^{b-1}dy, \quad a,b>0$$

である.Excelでは,ベータ分布の分布関数$P(Y\leq p)$は,BETADIST(p, a, b)で計算できる.

問題 6.5 上の問題は,サブプライムローンの証券化商品であるCDOにおいて,格付が上位であれば損失の可能性はきわめて小さい,という根拠に使われた論法である.しかし,実際には高格付のCDOにおいても大きな損失が発生した.実際には計算どおりにはいかなかったのであるが,その理由はなぜか考えよ.

参 考 文 献

1) 乾　孝治 (2008)，残余収益モデルによる株主資本推定の試み，明治大学社会科学研究所紀要，47(1)，47–64.
2) 乾　孝治，室町幸雄 (2000)，金融モデルにおける推定と最適化（シリーズ〈現代金融工学〉5），朝倉書店.
3) 王　京穂 (2011)，債券の市場流動性の把握と金融機関のリスク管理への応用，日本銀行ワーキングペーパーシリーズ，No.11–J–2.
4) 神楽岡優昌 (2007)，社債の流動性プレミアムの測定，法政大学比較経済研究所，胥鵬編，社債市場の育成と発展（比較経済研究所研究シリーズ），法政大学出版局，71–92.
5) 菊池俊博 (2011)，社債スプレッドの要因分析と投資戦略への応用，証券アナリストジャーナル，**7**，84–92.
6) 木島正明 (1994a)，ファイナンス工学入門 I，日科技連出版社.
7) 木島正明 (1994b)，ファイナンス工学入門 II，日科技連出版社.
8) 木島正明，小守林克哉 (1999)，信用リスク評価の数理モデル（シリーズ〈現代金融工学〉8），朝倉書店.
9) 今野　浩 (1995)，理財工学 I，日科技連出版社.
10) 久保田敬一，竹原　均 (2007)，Fama–French ファクターモデルの有効性の再検証，現代ファイナンス，**22**，3–23.
11) 篠潤之介 (2010)，社債スプレッド・CDS プレミアムと株価の関係について，日銀レビュー，9 月.
12) 白須洋子，米澤康博 (2008)，社債流通市場における社債スプレッド変動要因の実証分析，現代ファイナンス，**24**，101–127.
13) 諏訪部貴嗣 (2004)，Japan Portfolio Strategy 日本株のリスク・プレミアム：市場レベルから銘柄選択までの応用，Goldman Sachs Global Investment Research, 6 月 11 日.
14) 千木良弘朗，早川和彦，山本　拓 (2011)，動学的パネルデータ分析，知泉書館.
15) 遅澤秀一 (2002)，残余収益モデルによる株式評価，ニッセイ基礎研究所所報，**22**，41–69.
16) 鄭　義哲 (2005)，R&D 企業の株式パフォーマンス：異常リターンと R&D ファクター，証券アナリストジャーナル，**43**(10)，98–108.
17) 徳島勝幸 (2011)，近年激変したクレジットデリバティブ市場，ニッセイ基礎研究所，年金ストラテジー，**183**.
18) 中妻照雄 (2007)，入門ベイズ統計学，朝倉書店.
19) 中村俊行 (2009)，社債スプレッドと流動性リスクについて，証券アナリストジャーナル，3 月，92–103.
20) 日本経済研究センター金融研究班 (2010)，社債市場活性化への 5 つの提言：個人に投資機会，市場規律ある銀行経営にも貢献，日本経済研究センター，金融研究レポート，12 月 10 日.
21) 日本証券業協会 (2010)，社債市場の活性化に向けて，日本証券業協会，6 月.
22) 枇々木規雄，田辺隆人 (2005)，ポートフォリオ最適化と数理計画法（シリーズ〈金融工学の基礎〉5），朝倉書店.
23) 藤井眞理子，高岡　慎 (2008)，金利の期間構造とマクロ経済：Nelson–Siegel モ

参 考 文 献

デルを用いた実証分析, 金融庁金融研究センター, ディスカッションペーパー (www.fsa.go.jp/frtc/seika/discussion/2007/20080318.pdf).
24) 丸山雅祥, 成生達彦 (1997), 現代のミクロ経済学:情報とゲームの応用ミクロ, 創文社.
25) 宮村克彦 (2005), 経営者が公表する予想利益の精度と資本コスト, 証券アナリストジャーナル, **43**(9), 83-97.
26) 劉 慕和 (2005), 研究開発投資の会計処理と市場評価, 同文舘出版.
27) 吉澤 正 (1992), 統計処理, 岩波書店.
28) Altman, E.I. (1968), "Financial ratios, discriminant analysis and the prediction of corporate bankruptcy," *Journal of Finance*, **23**(4), 589–609.
29) Amihud, Y. (2002), "Illiquidity and stock returns: Cross-section and time-series effects," *Journal of Financial Markets*, **5**, 31–56.
30) Bernard, V.L. and J.K. Thomas (1990), "Evidence that stockprices do not fully reflect the implications of current earnings for future earnings," *Journal of Accounting and Economics*, **13**(4), 305–340.
31) Berndta, A., R.A. Jarrow, and C. Kang (2007), "Restructuring risk in credit default swaps: An empiricalanalysis," *Stochastic Processes and Their Application*, **117**, 1724–1749.
32) Brinson, G.P., B.D. Singer, and G.L. Beebower (1986), "Determinants of portfolio performance," *Financial Analysts Journal*, July/August.
33) Brinson, G.P., B.D. Singer, and G.L. Beebower (1991), "Determinants of portfolio performance II: An update," *Financial Analysts Journal*, May/June.
34) Carhart, M.M. (1997), "On persistence in mutual fund performance," *Journal of Finance*, **52**(1), 57–82.
35) CEIOPS (2010), "Task force report on the liquidity premium," CEIOPS-SEC-34-10, 1 March.
36) Chen, N., R. Roll, and S.A. Ross (1986), "Economic forces and the stock market," *Journal of Business*, **59**(3), 383–403.
37) Cox, J., J. Ingersoll, and S. Ross (1985), "Theory of the term structure of interest," *Econometrica*, **53**(2), 385–407.
38) DeBondt, W.F. and R. Thaler (1985), "Does the stock market overreact?," *Journal of Finance*, **40**(3), 793–805.
39) Duan, J., J. Sun, and T. Wang (2010), "Multiperiod corporate default prediction: A forward intensity approach," *National University of Singapore, RIM*, working paper.
40) Duffie, D. and K. Singleton (1997), "An econometric model of the term structure of interest-rate swap yields," *Journal of Finance*, **52**(4), 1287–1321.
41) Duffie, D. and K. Singleton (1999), "Modeling term structure of defaultable bonds," *Review of Financial Studies*, **12**(4), 687–720.
42) Edwards, E.O. and P. Bell (1961), *The Theory and Measurement of Business Income*, University of California Press.
43) Elton, E.J. and M.J. Gruber (1988), "A muliti-index risk model of the Japanese stock market," *Japan and the World Economy*, **1**, 21–44.

参 考 文 献

44) Engle, R. (2009), "*Anticipating Correlations: A new Paradigm for Risk Management,*" Princeton University Press.
45) Eom, Y.H., J. Helwege, and J. Huang (2004), "Structural models of corporate bond pricing: An empirical analysis," *The Review of Financial Studies*, **17**(2), 499–544.
46) Ericsson, J. and O. Renault (2006), "Liquidity and credit risk," *Journal of Finance*, **61**(5), 2219–2250.
47) Fama, E.F. and K.R. French (1992), "Common risk factors in the returns on stocks and bonds," *The Journal of Finance*, **47**(2), 427–465.
48) Fama, E.F. and K.R. French (1993), "The cross-section of expected stock returns," *Journal of Financial Economics*, **33**(1), 3–56.
49) Ferson, W.E. and C.R. Harvey (1999), "Conditioning variables and the cross section of stock returns," *Journal of Finance*, **54**(4), 1325–1360.
50) Frankel, R. and C. M. Lee (1998) "Accounting valuation, market expectation, and cross-sectional stock returns," *Journal of Accounting and Economics*, **25**, 283–319.
51) Gebhardt, W. R., C.M.C. Lee, and B. Swaminathan (2001), "Toward an implied cost of capital," *Journal of Accounting Research*, **39**(1), 135–176.
52) Greene, W. (2011), *Econometric Analysis* (7th ed.), Pearson Education.
53) Gu, L. (2005), "Asymmetric risk loadings in the cross section of stock returns," SSRN, working paper.
54) Heath, D., R. Jarrow, and A. Morton (1992), "Bond pricing and the term structure of interest rates: A new methodology for contingent claims valuation," *Econometrica*, **60**, 77–105.
55) Inui, K. and M. Kijima (1998), "A Markovian framework in multi factor Heath Jarrow Morton models," *Journal of Financial and Quantitative Analysis*, **33**(3), 423–440.
56) Jarrow, R. and S.M. Turnbull (1995), "Pricing derivatives on financial securities subject to credit risk," *Journal of Finance*, **50**(1), 53–85.
57) Jarrow, R., D. Lando, and S.M. Turnbull (1997), "A Markov model for the term structure of credit spreads," *Review of Financial Studies*, **10**(2), 481–523.
58) KMV (2003), "Modeling default risk," *Moody's KMV*, Dec. 18.
59) Lakonishok, J., A. Shleifer, and R.W. Vishiny (1994), "Contrarian investment, extrapolation and risk," *Journal of Finance*, **49**(5), 1541–1578.
60) Lev, B. and T. Sougiannis (1996), "The capitalization, amortization, and value-relevance of R&D," *Journal of Accounting and Economics*, **21**(1), 107–138.
61) Longstaff, F.A., A. Mithal, and E. Neis (2005), "Corporate yield spreads: Default risk or liquidity? New evidence from the credit default swap market," *Journal of Finance*, **60**(5), 2213–2253.
62) Modigliani, F. and L. Modigliani (1997), "Risk-adjusted performance," *Journal of Portfolio Management*, winter, 45–54.
63) Nelson, C. and A. Siegel (1987), "Parsimonious modeling of yield curves," *Journal*

of *Business*, **60**, 473–489.
64) Ohlson, J.A. (1995), "Earnings, book value and dividends in equity valuation," *Contemporary Accounting Research*, **11**(2), 661–687.
65) Pastor, L. and R.F. Stambaugh (2003), "Liquidity risk and expected stock returns," *Journal of Political Economy*, **111**(3), 642–685.
66) Ross, S. (1976), "The arbitrage theory of capital asset pricing," *Journal of Economic Theory*, **13**, 341–360.
67) Sharpe, W.F. (1964), "Capital asset prices: A theory of market equilibrium under conditions of risk," *Journal of Finance*, **19**, 425–442.
68) Sharpe, W.F. (1992), "Asset allocation: Management style and performance measurement," *Journal of Portfolio Management*, **18**, 7–19.
69) Odejar, M.A. and M.S. McNulty (2001), "Bayesian analysis of the stochastic switching regression model using Markov chain Monte Carlo methods," *Computational Economics*, **17**, 265–284.
70) Pastor, L. and F.R. Stambaugh (2003), "Liquidity risk and expected stock returns," *Journal of Political Economy*, **111**(3), 642–685.
71) Tice, J. and N. Webber (1995), "A nonlinear model of the term structure of interest rates," *Mathematical Finance*, **7**(2), 177–209.
72) Treynor, J.L. and F. Black (1973), "How to use security analysis to improve portfolio selection," *Journal of Business*, **46**(1), 66–86.
73) Vasicek, O.A. (1973), "A note on using cross-sectional information in Bayesian estimation of security betas," *Journal of Finance*, **28**(5), 1233–1239.

索　引

APT モデル　31
　——の推定　32
Black–Scholes の公式　126
CAPM　16, 40, 49
　——の前提条件　19
　——の論証　19
CDS　124, 129
CDS プレミアム　151, 153, 156
DCF　74
Fama–French モデル　35, 40
Fama–MacBeth 回帰　33
Frankel–Lee モデル　81
IRR　76
Jensen 尺度　42
Jensen の不等式　4
M^2 尺度　43
Nelson–Siegel モデル　101
Newey–West 修正　140
NPV　75
Sharpe 尺度　42
Taylor 展開　5
Treynor 尺度　42
Treynor–Black 尺度　43
Z スコア　126

ア　行

アトリビューション分析　45

インデックスファンド　22
インフォメーションレシオ　43
インプライドリターン　83

オーバーリアクション効果　49, 54

カ　行

株主資本コスト　79
カーブフィッティング法　100

危険回避　2
期待効用理論　4
共通リスク　18
金利スワップ　103, 106
　——の評価モデル　107
金利の期間構造　96

クロスセクション回帰モデル　57, 62

限界効用逓減の法則　2

構造モデル　126
効用関数　2
効率的フロンティア　8, 20

サ　行

サープラスフレームワーク　10
　——の最適化　12
残差リスク　18
残余利益モデル　78, 81

市場インデックス　13
市場性リスク　18
市場分断仮説　99
市場ポートフォリオ　21
市場モデル　17
資本市場線　21
社債　122

――の実証分析　132
純粋期待仮説　99
証券市場線　23
正味現在価値　75
信用リスクモデル　126

ステップワイズ法　147
スポットレート　97
スポットレートモデル　111

政策アセットミックス　9
ゼロイールド　96

操作変数　155

タ 行

多重共線性　148

ディスカウントファクター　75, 98

ナ 行

内部収益率　76

ネガティブ CDS ベーシス法　124

ハ 行

配当割引モデル　77
パッシブ運用　22
パネルデータ・固定効果モデル　144
パフォーマンス評価　45

非市場性リスク　18
ヒストリカル β　27
標準回帰係数　140

ファクターリターン　58
ファンダメンタル β　29
フォワードイールド　97
フォワードレート　98
ブートストラップ法　100
プール回帰　145
分散拡大要因　148
分離定理　22

平均分散法　9
ベイズ修正 β　28

マ 行

マルコフ過程　112
マルコフ連鎖モンテカルロ法　28

無差別曲線　6

ヤ 行

誘導モデル　127

ラ 行

リスク回避度　9
流動性選好仮説　99
流動性リスクプレミアム　124, 125

著者略歴

乾　孝治(いぬい　こうじ)

1987年　東京工業大学工学部化学工学科卒業
1997年　筑波大学大学院経営システム科学専攻修士課程修了
2000年　東京大学大学院数理科学研究科博士課程単位取得退学
現　在　明治大学大学院グローバル・ビジネス研究科教授
　　　　博士（理学）

シリーズ〈現代金融工学〉2
ファイナンスの統計モデルと実証分析　定価はカバーに表示

2013年2月15日　初版第1刷

著　者　乾　　　孝　治
発行者　朝　倉　邦　造
発行所　株式会社　朝　倉　書　店

東京都新宿区新小川町6-29
郵便番号　162-8707
電話　03(3260)0141
FAX　03(3260)0180
http://www.asakura.co.jp

〈検印省略〉

© 2013〈無断複写・転載を禁ず〉

中央印刷・渡辺製本

ISBN 978-4-254-27502-5　C 3350　　Printed in Japan

JCOPY　＜(社)出版者著作権管理機構　委託出版物＞
本書の無断複写は著作権法上での例外を除き禁じられています．複写される場合は，そのつど事前に，(社)出版者著作権管理機構（電話 03-3513-6969, FAX 03-3513-6979, e-mail: info@jcopy.or.jp）の許諾を得てください．

◆ シリーズ〈現代金融工学〉〈全9巻〉◆

木島正明 監修

首都大 木島正明・京大 岩城秀樹著 シリーズ〈現代金融工学〉1 **経済と金融工学の基礎数学** 27501-8 C3350　　A5判 224頁 本体3500円	解法のポイントや定理の内容を確認するための例を随所に配した好著。〔内容〕集合と論理／写像と関数／ベクトル／行列／逆行列と行列式／固有値と固有ベクトル／数列と級数／関数と極限／微分法／偏微分と全微分／積分法／確率／最適化問題
首都大 木島正明著 シリーズ〈現代金融工学〉3 **期間構造モデルと金利デリバティブ** 27503-2 C3350　　A5判 192頁 本体3600円	実務で使える内容を心掛け，数学的厳密さと共に全体を通して概念をわかりやすく解説。〔内容〕準備／デリバティブの価格付け理論／スポットレートのモデル化／割引債価格／債券オプション／先物と先物オプション／金利スワップとキャップ
一橋大 渡部敏明著 シリーズ〈現代金融工学〉4 **ボラティリティ変動モデル** 27504-9 C3350　　A5判 160頁 本体3600円	金融実務において最重要な概念であるボラティリティの役割と，市場データから実際にボラティリティを推定・予測する方法に焦点を当て，実務家向けに解説〔内容〕時系列分析の基礎／ARCH型モデル／確率的ボラティリティ変動モデル
明大 乾　孝治・首都大 室町幸雄著 シリーズ〈現代金融工学〉5 **金融モデルにおける推定と最適化** 27505-6 C3350　　A5判 200頁 本体3600円	数理モデルの実践を，パラメータ推定法の最適化手法の観点より解説〔内容〕金融データの特徴／理論的背景／最適化法の基礎／株式投資のためのモデル推定／GMMによる金利モデルの推定／金利期間構造の推定／デフォルト率の期間構造の推定
法大 湯前祥二・北大 鈴木輝好著 シリーズ〈現代金融工学〉6 **モンテカルロ法の金融工学への応用** 27506-3 C3350　　A5判 208頁 本体3600円	金融資産の評価やヘッジ比率の解析，乱数精度の応用手法を詳解〔内容〕序論／極限定理／一様分布と一様乱数／一般の分布に従う乱数／分散減少法／リスクパラメータの算出／アメリカン・オプションの評価／準モンテカルロ法／Javaでの実装
統数研 山下智志著 シリーズ〈現代金融工学〉7 **市場リスクの計量化とVaR** 27507-0 C3350　　A5判 176頁 本体3600円	市場データから計測するVaRの実際を詳述。〔内容〕リスク計測の背景／リスク計測の意味とVaRの定義／リスク計測モデルの意味／リスク計測モデルのテクニック／金利リスクとオプションリスクの計量化／モデルの評価の規準と方法
首都大 木島正明・第一フロンティア生命 小守林克哉著 シリーズ〈現代金融工学〉8 **信用リスク評価の数理モデル** 27508-7 C3350　　A5判 168頁 本体3600円	デフォルト（倒産）発生のモデルや統計分析の手法を解説した信用リスク分析の入門書。〔内容〕デフォルトと信用リスク／デフォルト発生のモデル化／判別分析／一般線形モデル／確率選択モデル／ハザードモデル／市場性資産の信用リスク評価
前首都大 朝野熙彦・首都大 木島正明編 シリーズ〈現代金融工学〉9 **金融マーケティング** 27509-4 C3350　　A5判 240頁 本体3800円	顧客が金融機関に何を求めるかの世界を分析〔内容〕マーケティング理論入門／金融商品の特徴／金融機関のためのマーケティングモデル／金融機関のためのマーケティングリサーチ／大規模データの分析手法／金融DBマーケティング／諸事例
首都大 木島正明・北大 鈴木輝好・北大 後藤　允著 **ファイナンス理論入門** ―金融工学へのプロローグ― 29016-5 C3050　　A5判 208頁 本体2900円	事業会社を主人公として金融市場を描くことで，学生にとって抽象度の高い金融市場を身近なものとする。事業会社・投資家・銀行，証券からの視点より主要な題材を扱い，豊富な演習問題・計算問題を通しながら容易に学べることを旨とした書

上記価格（税別）は 2013年1月現在